CAMBRIDGE LATIN TEXTS

Editorial Board:
Chairman, E.J. Kenney; Executive Editor, D.J. Morton

LIBELLUS: SELECTIONS FROM
HORACE, MARTIAL, OVID AND CATULLUS

D1375483

CAMBRIDGE LATIN TEXTS

LIBELLUS

SELECTIONS FROM
HORACE, MARTIAL, OVID & CATULLUS

M.J.TENNICK
King Edward's School, Birmingham

CAMBRIDGE UNIVERSITY PRESS
CAMBRIDGE
LONDON · NEW YORK · MELBOURNE

Published by the Syndics of the Cambridge University Press
The Pitt Building, Trumpington Street, Cambridge CB2 1RP
Bentley House, 200 Euston Road, London NW1 2DB
32 East 57th Street, New York, NY 10022, USA
296 Beaconsfield Parade, Middle Park, Melbourne 3206, Australia

First published 1978
Reprinted 1979

Printed in Great Britain at the
University Press, Cambridge

Library of Congress cataloguing in publication data

Main entry under title:

Libellus: selections from Horace, Martial, Ovid, and
Catullus.

(Cambridge Latin texts)
Text in Latin.
1. Latin poetry. I. Tennick, Martin. II. Series.
PA6121.A7T4   871'.01   77-28241
ISBN 0 521 21910 8

ACKNOWLEDGEMENTS

The Latin texts are taken from the Oxford Classical Texts
Catullus: Carmina edited by Sir Roger Mynors, *Horace* edited
by E.C. Wickham and H.W. Garrod, *Martial* edited by W.M.
Lindsay and *Ovid* edited by S.G. Owen and E.J. Kenney.
They are reproduced by permission of the Oxford University
Press.
    The illustration on the cover is a detail from a third-
century A.D. mosaic from Barcelona. It is reproduced by per-
mission of Ediciones Poligrafica, Barcelona.
    The street-plan of Rome is reproduced from *An Atlas of
the Classical World* by A.A.M. van der Heyden and H.H.
Scullard by permission of Elsevier Nederland.
    The maps are drawn by Reg Piggott.

CONTENTS

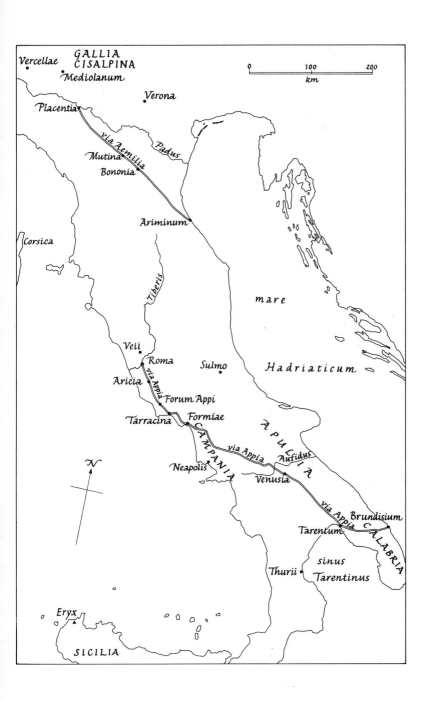

Vercellae

GALLIA
CISALPINA

Mediolanum

Verona

Placentia

via Aemilia

Padus

Mutina

Bononia

Ariminum

Corsica

Tiberis

mare

Veii

Roma

Sulmo

Hadriaticum

Aricia

via Appia

Forum Appi

Tarracina

Formiae

CAMPANIA

APULIA

via Appia

Aufidus

N

Neapolis

Venusia

via Appia

Brundisium

Tarentum

CALABRIA

Thurii

sinus
Tarentinus

Eryx

SICILIA

0   100   200
km

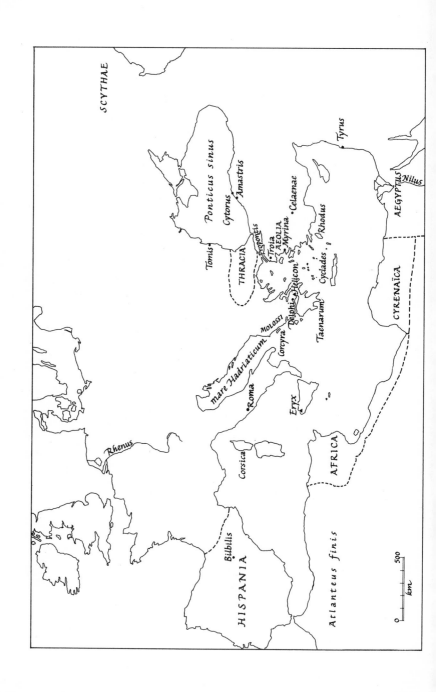

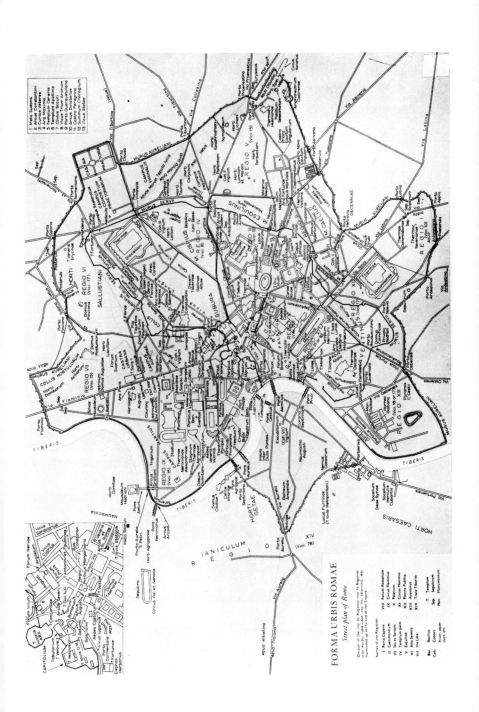

FORMA URBIS ROMAE

Street plan of Rome

Division of the city by Augustus into 14 Regiones (civil wards, *vicus, vici*, streets), was maintained up to the end of the Empire.

Names of the Regiones:

I	Porta Capena	VIII	Forum Romanum
II	Caelimontium	IX	Circus Flaminius
III	Isis et Serapis	X	Palatium
IV	Templum pacis	XI	Circus Maximus
V	Esquiliae	XII	Piscina Publica
VI	Alta Semita	XIII	Aventinus
VII	Via Lata	XIV	Trans Tiberim

Bas.	Basilica	T.	Templum
Col.	Column	Sep.	Sepulcrum
Coh.	Cohors	Mon.	Monumentum
		River, aqueduct, etc.	

I

1

      si quis nam laudat Arelli
sollicitas ignarus opes, sic incipit: 'olim
rusticus urbanum murem mus paupere fertur
accepisse cavo, veterem vetus hospes amicum,
asper et attentus quaesitis, ut tamen artum   5
solveret hospitiis animum. quid multa? neque ille
sepositi ciceris nec longae invidit avenae,
aridum et ore ferens acinum semesaque lardi
frusta dedit, cupiens varia fastidia cena
vincere tangentis male singula dente superbo;   10
cum pater ipse domus palea porrectus in horna
esset ador loliumque, dapis meliora relinquens.
tandem urbanus ad hunc "quid te iuvat" inquit, "amice,

1
si quis if anyone, *here* = suppose someone
Arellius, m. Arellius (an unidentified rich man)
sollicitus worried, *here* = troublesome
nam si quis ignarus laudat opes sollicitas Arelli
incipere begin
mūs, m. mouse
ferre carry, *here* = say
accipere receive, entertain
cavus, m. hole, mouse-hole
rusticus mus fertur urbanum murem accepisse (in) cavo paupere
vetus hospes (fertur accepisse) veterem amicum
5 **asper** rough, severe
attentus + Form C (dative) attentive to, keeping a careful eye on
quaesīta, n. pl. property, stores
artus close, thrifty
solvere loosen, relax
hospitium, n. hospitality
ut tamen solveret animum artum hospitiis even if he relaxed his stinginess
   when entertaining, *lit.* but with the limitation that he slackened off his
   thrifty spirit in hospitality
quid multa? in short
sēpōnere lay aside, put in reserve
cicer, n. chick-pea (a species of pulse, eaten by the poor)
invidēre, *here* **+ Form D (genitive)** envy, *here* = begrudge
avēna, f. oat
āridus dry
acinus, m. grape (or other berry)
et aridum . . . acinum
sēmēsus half-eaten
lardum, n. bacon
frūstum, n. scrap, piece
fastīdium, n. lack of appetite, disdain
cupiens fastidia variā cenā vincere
10 **male** badly, *here* = barely
singula, n. pl. single things, *here* = each individual morsel
fastidia . . . (amici) tangentis male singula
superbus proud, supercilious
cum *here* = while
pater . . . domūs
palea, f. chaff
porrigere stretch, spread out
hōrnus this year's
ēsse eat
ador, n. spelt (coarse wheat)
lolium, n. darnel (a weed)
daps, f. meal, feast
dapis meliōra the better items on the menu
quid tē iuvat . . . ? what pleasure do you get from . . . ? why do you
   like . . . ?

5

praerupti nemoris patientem vivere dorso?
vis tu homines urbemque feris praeponere silvis?   15
carpe viam, mihi crede, comes; terrestria quando
mortales animas vivunt sortita, neque ulla est
aut magno aut parvo leti fuga: quo, bone, circa,
dum licet, in rebus iucundis vive beatus;
vive memor, quam sis aevi brevis." haec ubi dicta   20
agrestem pepulere, domo levis exsilit; inde
ambo propositum peragunt iter, urbis aventes
moenia nocturni subrepere. iamque tenebat
nox medium caeli spatium, cum ponit uterque
in locuplete domo vestigia, rubro ubi cocco   25

praeruptus steep, precipitous
nemus, n. a wood
patiēns patient, enduring, persevering
vīvere live
dorsum, n. back, *here* = ridge
quid iuvat . . . te patientem vivere (in) dorso praerupti nemoris?
15 **vīs tū . . . ?** won't you . . . ? do please . . .
ferus wild
praepōnere + Forms B and C (accusative and dative) prefer . . . to . . . ,
   choose . . . rather than . . .
silva, f. a wood
carpe viam make your way, travel
comes, m. f. companion, *here* = as my companion
terrestris terrestrial, earthly
quandō when, *here* = since
mortālis mortal, that will die
anima, f. spirit, soul
sortīrī receive (by lot), obtain
quando terrestria (animalia) vivunt sortita mortales animas
ūllus any
lētum, n. death
neque est ulla fuga leti aut magno (animali) aut parvo (animali)
quō . . . circā = quōcircā for this reason
bonus good, *here* = dear friend
licēre be permitted
iūcundus pleasant, agreeable
vīve be alive! enjoy life!
beātus happy, prosperous
20 **aevum, n.** time, life
quam sīs aevī brevis how short your life is, *lit.* how you are of short life
dictum, n. word
agrestis of the country, country
agrestem (murem)
pepulēre = pepulērunt: pellere impel, set in motion, impress
(e) domo
levis light
exsilīre jump out
peragere carry through, go through with
avēre long, be eager
moenia, n. pl. walls
nocturnus by night
subrēpere creep under
aventes nocturni subrepere moenia urbis
spatium, n. space
nox tenebat medium spatium caeli
uterque each
25 **locuplēs** wealthy
vestīgium, n. foot-print, track, foot
ruber red
coccum, n. scarlet dye

tincta super lectos canderet vestis eburnos,
multaque de magna superessent fercula cena,
quae procul exstructis inerant hesterna canistris.
ergo ubi purpurea porrectum in veste locavit
agrestem, veluti succinctus cursitat hospes   30
continuatque dapes nec non verniliter ipsis
fungitur officiis, praelambens omne quod adfert.
ille cubans gaudet mutata sorte bonisque
rebus agit laetum convivam, cum subito ingens
valvarum strepitus lectis excussit utrumque.   35
currere per totum pavidi conclave, magisque
exanimes trepidare, simul domus alta Molossis
personuit canibus. tum rusticus "haud mihi vita
est opus hac" ait et "valeas: me silva cavusque
tutus ab insidiis tenui solabitur ervo." '   40

Horace, *Satires* II.6.78–117

tingere dye
super + Form B (accusative) upon, over
candēre shine, gleam
vestis, f. cloth, covering
eburnus made of ivory
ubi vestis, rubro cocco tincta, canderet super lectos eburnos
ferculum, n. dish of food, course
multaque fercula superessent de magnā cenā
procul at a distance, *here* = nearby
exstrūctus towering, heaped up (with food)
hesternus from yesterday
quae (fercula) . . . hesterna
canistrum, n. basket
purpureus purple, red, bright
locāre position, place
ubi (mus urbanus) locavit (murem) agrestem porrectum in veste purpurea
30 **velutī = velut** like, as if
succīnctus with tucked-up tunic (for speedy waiting)
cursitāre run about
continuat . . . dapēs allows no gap between courses, *lit.* keeps the meal
   continuous
nec nōn and, *lit.* nor not
vernīliter like a home-bred slave, slavishly
fungī + Form E (ablative) perform
ipsis . . . officiis even the (waiter's) duties
praelambere lick beforehand
cubāre recline
sors, f. lot, luck
bonisque rēbus and in his good fortune
agere *here* = act, play
convīva, m. guest
35 **valva, f.** door
excutere shake off
pavidus terrified
conclāve, n. room
exanimis half dead, petrified
trepidāre be alarmed
simul = simulac as soon as
personāre resound
Molossus . . . canis Molossian hound (a fine breed of hunting-dog)
haud mihi . . . est opus + Form E (ablative) I don't need, I have no use for
ait he says
valeās farewell!
tutus ab insidiis
40 **tenuis** thin, *here* = common, meagre
sōlārī comfort, console
ervum, n. vetch

9

2

nec tu credideris urbanae commoda vitae
　　quaerere Nasonem, quaerit et illa tamen.
nam modo vos animo dulces reminiscor amici,
　　nunc mihi cum cara coniuge nata subit:
aque domo rursus pulchrae loca vertor ad urbis,   5
　　cunctaque mens oculis pervidet usa suis.
nunc fora, nunc aedes, nunc marmore tecta theatra,
　　nunc subit aequata porticus omnis humo.
gramina nunc Campi pulchros spectantis in hortos,
　　stagnaque et euripi Virgineusque liquor.   10
at, puto, sic urbis misero est erepta voluptas,
　　quolibet ut saltem rure frui liceat?

unde sed hoc nobis, minimum quos inter et hostem
　　discrimen murus clausaque porta facit?

Ovid, *Epistulae ex Ponto* I.8.29–40, 61–2

2
nec tū crēdideris and don't suppose
commodum, n. advantage, benefit
Nāsō, m. Ovid, Publius Ovidius Naso
nec tu crederis Nasonem quaerere commoda urbanae vitae
modo . . . nunc . . . now . . . now . . . , sometimes . . . sometimes . . .
dulcis sweet, dear
reminiscī call to mind, recollect
vos . . . reminiscor, dulces amici
coniunx, m. f. husband, wife
nāta, f. daughter
subīre approach, *here* = come to mind
a . . . domo rursus vertor ad loca pulchrae urbis
6 **cūnctus** all, every
pervidēre survey, view
ūtī + Form E (ablative) use
mens pervidet cuncta, usa suis oculis
aedēs, f. temple
marmor, n. marble
tegere cover
nunc fora . . . aedes . . . theatra (subeunt)
aequāre make level
porticus, f. colonnade, portico
aequatā humō
grāmen, n. grass
Campus, m. Campus Martius (level parkland in north-west Rome)
gramina nunc Campi (subeunt)
spectāre in + Form B (accusative) look towards, *here* = face
10 **stāgnum, n.** pool
eurīpus, m. canal, in the Campus Martius
eurīpī . . . liquor the water of the canal
Virgineus . . . liquor the water of the Aqua Virgo (an aqueduct built by
Agrippa)
putāre think, suppose
sic . . . misero (mihi) est erepta . . . , . . . ut my sad loss of . . . is such, is it,
that . . . ?, *lit.* . . . has been taken, has it, from poor me on such terms
that . . . ?
urbis voluptas misero (mihi) sic erepta est, ut . . .
quīlibet any one wishes, *here* = without restriction
saltem at least
rūs, n. countryside
fruī + Form E (ablative) enjoy
licēre be permitted

unde sed hoc nōbīs? but how can I achieve this? *lit.* but whence can this be
for us?
discrīmen, n. dividing-line, separation
minimum . . . discrīmen . . . facit provide the narrowest of barriers, *lit.*
makes a very small partition
inter quos et hostem murus clausaque porta facit minimum discrimen

3

empta domus fuerat tibi, Tongiliane, ducentis:
  abstulit hanc nimium casus in urbe frequens.
conlatum est deciens. rogo, non potes ipse videri
  incendisse tuam, Tongiliane, domum?

Martial, *Epigrams* III.52

4

prima salutantes atque altera conterit hora,
  exercet raucos tertia causidicos,
in quintam varios extendit Roma labores,
  sexta quies lassis, septima finis erit,
sufficit in nonam nitidis octava palaestris,   5
  imperat exstructos frangere nona toros:
hora libellorum decima est, Eupheme, meorum,
  temperat ambrosias cum tua cura dapes
et bonus aetherio laxatur nectare Caesar
  ingentique tenet pocula parca manu.   10
tunc admitte iocos: gressun metire licenti
  ad matutinum, nostra Thalia, Iovem?

Martial, *Epigrams* IV.8

3
ducenta (mīlia sēstertium) 200 (thousands of *sestertiī*), 200,000 *sestertiī*
cāsus, m. collapse, accident, occurrence
cōnferre convey, *here* = contribute
deciēns (centēna mīlia sēstertium) 10 times (100,000 *sestertiī*), 1,000,000
　sestertiī
nōn potes . . . vidērī isn't it possible that you may appear . . . ?

4
prima . . . hora
alter second
conterere wear down, wear out
causidicus, m. case-pleader, barrister, advocate
extendere stretch out, prolong
lassus tired, weary
septimus seventh
fīnis, m. end (of the working day)
5　sufficere be sufficient, *here* = give enough time for
nōnus ninth
nitidus gleaming, oily
octāvus eighth
palaestra, f. exercise ground (usually attached to baths)
octava (hora) in nonam (horam) sufficit nitidis palaestris
exstrūctus heaped up (with cushions for a dinner party)
frangere break, *here* = rumple
torus, m. couch
nona (hora) imperat frangere exstructos toros
libellus, m. booklet, small volume
Euphēmus, m. Euphemus (overseer of Domitian's dinner-arrangements)
temperāre regulate, govern
ambrosius ambrosial, divine (ambrosia being the food of the gods)
daps, f. banquet, meal
cum tua cura temperat ambrosias dapes
aetherius heavenly
laxāre loosen, relax
nectar, n. nectar (the drink of the gods)
Caesar, m. Caesar, the Emperor, *here* = Domitian
10　parcus sparing, moderate, temperate
tenet pocula parca ingenti manu
tunc then
iocus, m. joke, humour, wit
gressūn = gressū-ne: gressus, m. step, gait
mētīre = mētīris: mētīrī measure, *here* = walk
licēns unrestrained, dissolute
mātūtīnus in the morning, morning
Thalīa, f. Thalia (Muse and inspiration of Martial's saucy verse)
Iovem, Form B (accusative): Iuppiter, m. Jupiter
gressune licenti metiris ad Iovem matutinum? do you saunter saucily to
　Jupiter before noon? *lit.* do you walk with presumptuous step to
　Jupiter in the morning?

5

abstulerat totam temerarius institor urbem
   inque suo nullum limine limen erat.
iussisti tenues, Germanice, crescere vicos,
   et modo quae fuerat semita, facta via est.
nulla catenatis pila est praecincta lagoenis   5
   nec praetor medio cogitur ire luto,
stringitur in densa nec caeca novacula turba
   occupat aut totas nigra popina vias.
tonsor, caupo, coquus, lanius sua limina servant.
   nunc Roma est, nuper magna taberna fuit.   10

Martial, *Epigrams* VII.61

6

Marcia, non Rhenus, salit hic, Germane: quid obstas
   et puerum prohibes divitis imbre lacus?
barbare, non debet, summoto cive, ministro
   captivam victrix unda levare sitim.

Martial, *Epigrams* XI.96

5
temerārius thoughtless, inconsiderate
īnstitor, m. retailer, shopkeeper
nullum limen erat in suo limine no shop stayed within its own doorway,
   lit. no entrance was in its own entrance-way
tenuis thin, narrow
Germānicus, m. Domitian (after campaign in Germany)
crēscere grow, expand
vīcus, m. city quarter, street
modo just now, just recently
sēmita, f. footpath, alley
et quae modo fuerat semita (ea) facta est via
5 catēnātus fettered, fixed by a chain
pīla, f. pillar (of the shop)
praecingere surround, encircle
lagoena, f. narrow-necked bottle, wine-flask
praetor, m. praetor (senator holding senior political office)
lutum, n. mud, dirt
stringere draw, unsheath
novācula, f. razor
nec caeca novacula stringitur in densā turbā
occupāre invade, seize possession of
aut occupat here = nor does . . . invade
niger black, dirty
popīna, f. snack-bar, eating-house
tōnsor, m. barber
caupō (*here* caupo), m. shopkeeper, innkeeper
lanius, m. butcher, slaughterer

6
Marcia, f. Aqua Marcia (an aqueduct in Rome)
Rhēnus, m. Rhine
salīre leap, flow down
Germānus German
quid? *here* = why?
prohibēre + Form E (ablative) hold back from
imber, m. rain, shower, stream
lacus, m. pool, tank, trough
divitis . . . lacūs
summovēre drive off, push away
minister, m. servant, inferior
victrīx unda the water of the victors, *lit.* the victorious wave
levāre lift, lighten, relieve
sitim, Form B (accusative): sitis, f. thirst
ministrō captīvam . . . levāre sitim to relieve the captive thirst of a servant,
   lit. to lessen captive thirst for a servant
victrix unda non debet . . . captivam sitim levare ministro

15

II

1

Furi, villula vestra non ad Austri
flatus opposita est neque ad Favoni
nec saevi Boreae aut Apheliotae,
verum ad milia quindecim et ducentos.
o ventum horribilem atque pestilentem!   5

Catullus, *Poems* 26

2

pauper Opimius argenti positi intus et auri,
qui Veientanum festis potare diebus
Campana solitus trulla vappamque profestis,
quondam lethargo grandi est oppressus, ut heres
iam circum loculos et claves laetus ovansque   5
curreret. hunc medicus multum celer atque fidelis
excitat hoc pacto: mensam poni iubet atque
effundi saccos nummorum, accedere plures
ad numerandum; hominem sic erigit; addit et illud:
'ni tua custodis, avidus iam haec auferet heres.'   10

1
vīllula, f. little villa, little country place
Auster, m. South Wind
flātus, m. blowing, blast
opposita est ad + Form B (accusative) faces, is mortgaged for
Favōnius, m. West Wind
Boreae, Greek Form D (genitive): Boreās, m. North Wind
Aphēliōtae, Greek Form D (genitive): Aphēliōtēs, m. East Wind
quīndecim fifteen
verum (opposita est) ad quindecim milia (sestertium) et ducentos (sestertios)
5 ventus, m. wind
horribilis dreadful, monstrous
pestilēns unhealthy, destructive

2
pauper + Form D (genitive) poor in, badly off for
argentum, n. silver
pauper . . . argenti et auri positi intus badly off for silver and gold, though
he had a store of them at home, *lit.* badly off for silver and gold, placed
within
Vēientānum (vīnum), n. wine from Veii, 14 km north of Rome
pōtāre drink
Campānus Campanian, made in Campania
trulla, f. wine-ladle
vappa, f. vinegary, over-fermented wine
profēstus non-festival, working
*qui solitus (est) potare Veientanum festis diebus . . . vappamque profestis
(diebus)*
quondam once
lēthargus, m. pathological torpor, drowsiness
grandis great, pronounced
hērēs, m. heir
(tam) grandi . . . ut heres . . .
5 circum + Form B (accusative) around
loculus, m. money-box
clāvis, f. key
ovāre exult, jump for joy
multum *here* = very
celer swift
hōc pactō in this way
mēnsa, f. table
effundere pour out
saccus, m. bag
nummus, m. coin
accēdere come near, approach
iubet . . . plures (homines) accedere
ērigere raise, revive
10 nī = nisi
avidus greedy
auferre take away

17

'men vivo?' 'ut vivas igitur, vigila: hoc age.' 'quid vis?'
'deficient inopem venae te ni cibus atque
ingens accedit stomacho fultura ruenti.
tu cessas? agedum, sume hoc tisanarium oryzae.'
'quanti emptae?' 'parvo.' 'quanti ergo?' 'octussibus.' 'eheu! 15
quid refert morbo an furtis pereamque rapinis?'
Horace, *Satires* II.3.142–57

3

'obsequio grassare; mone, si increbruit aura,
cautus uti velet carum caput; extrahe turba
oppositis umeris; aurem substringe loquaci.
importunus amat laudari: donec "ohe!" iam
ad caelum manibus sublatis dixerit, urge,   5
crescentem tumidis infla sermonibus utrem.
cum te servitio longo curaque levarit,

vīvus alive
mēn vīvō? = mē-ne vīvō? while I am alive? *lit.* with me being alive?
vīvere live
vigilāre keep awake
hoc age! pay attention!
dēficere fail, be insufficient for
inops poor, weak
vēna, f. vein, *here* = pulse
venae dēficient te inopem
stomachus, m. stomach
fultūra, f. prop, support, strengthening
ruere collapse, deteriorate, break down
ni cibus atque ingens fultura accedit stomacho ruenti
cessāre hold back, hesitate
agedum come on!
sūmere take
tisanārium, n. pudding, gruel
oryza, f. rice
15 quantī? for how much?
(oryzae) quanti emptae?
ergō in that case, then
octussibus = octo assibus for 8 *asses* (= 3·2 *sestertii*)
quid rēfert? what does it matter?
an or
fūrtum, n. theft
rapīna, f. robbery
quid refert (utrum) morbo peream an furtis rapinisque?

3
obsequium, n. deference, respectful attention
grassārī press on, make advances
incrēbrēscere increase, become stronger
aura, f. breeze, wind
cautus careful
utī = ut
vēlāre veil, cover up
(eum) extrahe (e) turba
oppōnere put in the way
umerus, m. shoulder
substringere tie underneath, *here* = cup hand under
loquaci (patrono) for the chatterbox
importūnus demanding, relentless, selfish
dōnec until
ohē! enough! stop!
5 urgēre press on, keep up pressure
urge donec ... dixerit "ohe!"
crēscere grow, expand
tumidus swelling
īnflāre inflate, puff up
ūter, m. wine-skin, skin bottle
servitium, n. slavery
levārit = levāverit: levāre lighten, relieve, rid

19

et certum vigilans, QVARTAE SIT PARTIS VLIXES,
audieris, HERES: "ergo nunc Dama sodalis
nusquam est? unde mihi tam fortem tamque fidelem?"   10
sparge subinde et, si paulum potes, illacrimare: est
gaudia prodentem vultum celare.'

Horace, *Satires* II.5.93–104

4

vix ego Saturno quemquam regnante videbam,
    cuius non animo dulcia lucra forent;
tempore crevit amor, qui nunc est summus, habendi:
    vix ultra quo iam progrediatur habet.
pluris opes nunc sunt quam prisci temporis annis,   5
    dum populus pauper, dum nova Roma fuit,
dum casa Martigenam capiebat parva Quirinum,
    et dabat exiguum fluminis ulva torum.
Iuppiter angusta vix totus stabat in aede,
    inque Iovis dextra fictile fulmen erat.   10
frondibus ornabant, quae nunc Capitolia gemmis,
    pascebatque suas ipse senator oves:
nec pudor in stipula placidam cepisse quietem

certum for certain, indisputably
vigilāre be awake
Ulixēs, m. Ulysses (hero of the *Odyssey*)
audieris = audīveris
cum (patronus) te levarit . . . , et certum vigilans audieris . . .
hērēs, m. heir
ergō well then . . . , so is it true that . . . ?
Dāma, m. Dama (Ulysses' supposed patron)
sodālis, m. friend, pal
10 **nusquam est** is nowhere, is no more
unde mihi (quaeram amicum) tam fortem tamque fidelem?
spargere spread around, broadcast
subinde from time to time, frequently
paulum a little
illacrimārī weep, shed tears
est + infinitive it is possible, one may
prōdere disclose, publish, betray
est celare vultum prodentem gaudia

4
Sāturnus, m. Saturn (god and early king of Latium)
rēgnāre be king
dulcis sweet, attractive
lucrum, n. profit, gain
videbam . . . vix quemquam cuius animo lucra non forent dulcia
tempore with time, as time passed
crēscere increase, expand
ultrā further
vix habet (spatium) quo iam progrediatur ultra
5 **plūris** of more value, valued higher
priscus ancient, old
casa, f. hut, cottage
Mārtigena, m.(adj.) born of Mars, son of Mars
Quirīnus, m. Romulus (founder of Rome)
exiguus small, meagre
ulva, f. sedge
torus, m. couch, bed
tōtus whole, *here* = to his full height
aedēs, f. temple
Iuppiter vix totus stabat in aede angusta
10 **dextra, f.** right hand
fictilis made of earthenware, terracotta
fulmen, n. thunderbolt
frōns, f. leaf, leafy bough
Capitōlium, n. the Capitol (hill and principal shrine of Rome)
frondibus Capitolia ornabant, quae nunc gemmis (ornant)
pascere take to pasture
ovis, f. sheep
pudor, m. shame
stipula, f. stalk, hay, straw
placidus quiet, peaceful

21

et faenum capiti supposuisse fuit.
iura dabat populis posito modo praetor aratro,   15
   et levis argenti lammina crimen erat.
at postquam fortuna loci caput extulit huius,
   et tetigit summo vertice Roma deos,
creverunt et opes et opum furiosa cupido,
   et, cum possideant plurima, plura petunt.   20
quaerere, ut absumant, absumpta requirere certant,
   atque ipsae vitiis sunt alimenta vices;
sic, quibus intumuit suffusa venter ab unda,
   quo plus sunt potae, plus sitiuntur aquae.
in pretio pretium nunc est: dat census honores,   25
   census amicitias; pauper ubique iacet.

Ovid, *Fasti* I.193–218

5

Romam petebat esuritor Tuccius
   profectus ex Hispania.
occurrit illi sportularum fabula:
   a ponte rediit Mulvio.

Martial, *Epigrams* III.14

6

exigis a nobis operam sine fine togatam:
   non eo, libertum sed tibi mitto meum.
'non est' inquis 'idem.' multo plus esse probabo:

faenum, n. hay
suppōnere place under
nec pudor fuit ... cepisse ... et supposuisse ...
15 **iūs, n.** law
pōnere lay down, lay aside
modo just now, only just
praetor, m. praetor (senator holding senior political and legal office)
arātrum, n. plough
praetor dabat iura populis, aratro modo posito
levis light, thin
argentum, n. silver
lammina, f. thin metal sheet, plate
crimen, n. charge, *here* = ground for accusation
efferre carry out, *here* = raise
fortuna loci ... huius
vertex, m. top, top of the head
furiōsus frenzied, wild, uncontrolled
cupidō, f. desire, passion
20 **possidēre** possess
absūmere waste, squander, consume
quaerere (certant) ut absumant
absūmpta = ea quae absūmpsērunt
requīrere seek again
vitium, n. vice
alimentum, n. food
vicis, f. alternation, cycle, change of fortune
intumēscere become swollen
suffundere pour beneath, diffuse
venter, m. belly
suffūsā ... ab undā because of water diffused beneath the skin (in dropsy)
quō plūs ... plūs ... the more ... the more ...
pōtus = pōtātus: pōtāre drink
sitīre thirst for
quo plus (aquae) potae sunt, plus aquae sitiuntur
25 **in pretiō pretium ... est** your worth is determined by what you are worth,
   you are valued for your market-value
cēnsus, m. property, wealth, fortune
(dat) census amicitias

5
ēsurītor, m. hungry man
Hispānia, f. Spain
occurrere + Form C (dative) meet
sportula, f. clients' hand-out, dole
pōns Mulvius, m. the Mulvian bridge (spanning the Tiber north of Rome)

6
exigere exact, demand
operam ... togātam duties of a client, *lit.* work done in a toga
multō plūs much more
probāre prove

23

vix ego lecticam subsequar, ille feret.
in turbam incideris, cunctos umbone repellet: 5
   invalidum est nobis ingenuumque latus.
quidlibet in causa narraveris, ipse tacebo:
   at tibi tergeminum mugiet ille sophos.
lis erit, ingenti faciet convicia voce:
   esse pudor vetuit fortia verba mihi.   10
'ergo nihil nobis' inquis 'praestabis amicus?'
   quidquid libertus, Candide, non poterit.
Martial, *Epigrams* III.46

7

dicere de Libycis reduci tibi gentibus, Afer,
   continuis volui quinque diebus 'have':
'non vacat' aut 'dormit' dictum est bis terque reverso.
   iam satis est: non vis, Afer, havere: vale.
Martial, *Epigrams* IX.6(7)

III

Suffenus iste, Vare, quem probe nosti,
homo est venustus et dicax et urbanus,
idemque longe plurimos facit versus.
puto esse ego illi milia aut decem aut plura
perscriptā, nec sic ut fit in palimpseston   5
relatā: cartae regiae, novi libri,

subsequī follow closely
(si) incideris
5 cūnctus all
umbō, m. elbow
invalidus weak
ingenuus free-born, gentlemanly, delicate
latus, n. side, *here* = shoulder
quidlibet no matter what, anything you please
causa, f. legal case, trial
tergeminus triple, redoubled
mūgīre moo, bellow
sophōs hear, hear! well said!
līs, f. dispute, lawsuit
convīcium, n. insult, abuse
10 pudor, m. good manners, reticence, modesty
vetāre forbid
ergō then, in that case
praestāre perform a service, give
(quamquam es) amicus
quidquid whatever

7
Libycus Libyan, African
redux returned, come back
havē = avē welcome! how do you do?
voluī ... dicere tibi ... 'have'
vacāre be empty, *here* = be free
bis twice
ter three times
(mihi) reverso ✓

1
probē well
nōstī = nōvistī: nōvisse know
venustus charming
dicāx witty   /
urbānus from town, *here* = sophisticated
īdemque *here* = and at the same time
longē plūrimōs far more than anyone else, heaps and heaps of
illī *here* = by him
5 perscrībere write, compose
ego puto ... decem milia (versuum) ... perscripta esse illi
sīc ut fit as usually happens
palimpsēston, Greek Form B (accusative): palimpsēstos, m. palimpsest,
   reconditioned papyrus
referre bring back, *here* = reproduce, write down
carta, f. papyrus-sheet
rēgius royal, *here* = first class
liber, m. book, *here* = papyrus-roll

25

novi umbilici, lora rubra membranae,
derecta plumbo et pumice omnia aequata.
haec cum legas tu, bellus ille et urbanus
Suffenus unus caprimulgus aut fossor   10
rursus videtur: tantum abhorret ac mutat.
hoc quid putemus esse? qui modo scurra
aut si quid hac re scitius videbatur,
idem infaceto est infacetior rure,
simul poemata attigit, neque idem umquam   15
aeque est beatus ac poema cum scribit:
tam gaudet in se tamque se ipse miratur.
nimirum idem omnes fallimur, neque est quisquam
quem non in aliqua re videre Suffenum
possis. suus cuique attributus est error;   20
sed non videmus manticae quod in tergo est.

Catullus, *Poems* 22

umbilicus, m. roller, end-rod (round which the papyrus was rolled)
lōrum, n. leather thong (for tying the roll)
ruber red
membrāna, f. skin, *here* = roll-cover, jacket
dērigere = dirigere align, *here* = rule, arrange along a margin
plumbum, n. lead
(omnia) derecta plumbo
pūmex, m. pumice-stone
aequāre make even, smooth
bellus smart
10 **ūnus** *here* = any ordinary, any old
caprimulgus, m. goat-milker
fossor, m. digger, farm-labourer
rursus again, *here* = alternatively
ille bellus et urbanus Suffenus videtur esse unus caprimulgus aut rursus
    fossor
abhorrēre shrink from, *here* = be out of character, be incongruous
mūtāre change, be different
modo (here **modō**) just now
scurra, m. a wit
sī quid if anything
hāc rē than this, i.e. than a wit
scītus sharp-witted, sharp
si quid (est) hac re scitius
īnfacētus boorish, insensitive
rūs, n. country, countryside
(is) qui scurra ... videbatur ... idem est ...
15 **simul = simulac**
attingere touch, take up
aequē ... beātus ac ... cum ... as happy as when ...
gaudēre in sē be pleased with oneself
mīrārī wonder at, admire
nīmīrum the fact is, of course
fallere deceive
idem fallimur we make the same mistake, *lit.* we are deceived in the same
    way
neque est quisquam quem nōn ... vidēre ... possīs and there is no one
    you can't see
vidēre Suffēnum see as a Suffenus, identify with Suffenus
20 **quisque** each
attribuere allot, assign
error, m. flaw, defect
suus error attributus est cuique
mantica, f. travelling-bag, rucksack
tergum, n. back
(id) manticae quod in tergo est the bag on our back

2

saepe stilum vertas, iterum quae digna legi sint
scripturus, neque te ut miretur turba labores,
contentus paucis lectoribus. an tua demens
vilibus in ludis dictari carmina malis?
non ego: nam satis est equitem mihi plaudere, ut audax   5
contemptis aliis explosa Arbuscula dixit.

Horace, *Satires* I.10.72–7

exegi monumentum aere perennius
regalique situ pyramidum altius,
quod non imber edax, non Aquilo impotens
possit diruere aut innumerabilis
annorum series et fuga temporum.   5
non omnis moriar, multaque pars mei
vitabit Libitinam: usque ego postera
crescam laude recens, dum Capitolium
scandet cum tacita virgine pontifex.
dicar, qua violens obstrepit Aufidus   10

2
stilus, m. stylus, pen
vertās turn! reverse!
scriptūrus if you are going to write, *lit.* about to write
scripturus (ea) quae digna sint iterum legi
mīrārī marvel at, admire
neque ... labōrēs and don't exert yourself
lēctor, m. reader
dēmēns mad
vīlis cheap, common, worthless
lūdus, m. play, show, *here* = school
dictāre recite, dictate
carmen, n. song, poem
an ... mālis? or would you prefer?
an (tu) demens malis tua carmina dictari in vilibus ludis?
5 eques, m. horseman, *here* = the equestrian order
explōdere drive off-stage (by clapping)
Arbuscula, f. Arbuscula (a famous actress)
ut audax ... Arbuscula dixit explosa

3
exigere achieve, complete
monumentum, n. memorial
aes, n. bronze
perennis everlasting, enduring
rēgālis royal
situs, m. site, grave
imber, m. rain
edāx biting, greedy, destructive
(monumentum) quod imber edax non (possit diruere)
Aquilō, m. North Wind
impotēns uncontrolled, wild
dīruere demolish, ruin
5 fuga, f. flight, swift passage
Libitīna, f. Libitina (goddess of burials)
usque unceasingly, continuously
posterus following, future
crēscere grow
laus, f. praise, appreciation, reputation
recēns fresh, young, new
Capitōlium, n. the Capitol (hill and principal shrine of Rome)
scandere climb, ascend
tacitus silent
virgō, f. virgin, *here* = Vestal Virgin
pontifex, m. pontiff, high priest
10 dīcar I shall be said
quā where
obstrepere roar
Aufidus, m. the Aufidus (river in Horace's homeland of Apulia)

29

et qua pauper aquae Daunus agrestium
regnavit populorum, ex humili potens
princeps Aeolium carmen ad Italos
deduxisse modos. sume superbiam
quaesitam meritis et mihi Delphica   15
lauro cinge volens, Melpomene, comam.

Horace, *Odes* III.30

4

exul eram, requiesque mihi, non fama petita est,
    mens intenta suis ne foret usque malis.
hoc est cur cantet vinctus quoque compede fossor,
    indocili numero cum grave mollit opus.
cantat et innitens limosae pronus harenae,   5
    adverso tardam qui trahit amne ratem;
quique refert pariter lentos ad pectora remos,
    in numerum pulsa bracchia pulsat aqua.

pauper + Form D (genitive) poor in, badly off for
Daunus, m. Daunus (legendary king of Apulia)
agrestis of the country, rural
rēgnāre + Form D (genitive) rule over
ex humili potēns grown powerful from humble beginnings
princeps first
Aeolius from Aeolia, Aeolian, *here* = Greek lyric
carmen, n. song, poem, poetry
dēdūcere remove, divert, bring home
modus, m. rhythm
dicar . . . princeps deduxisse Aeolium carmen ad Italos modos
sūmere take
superbia, f. pride
15 **quaerere** seek, win
meritum, n. merit
Delphicus from Delphi (oracle of Apollo, god of poetry)
laurus, f. laurel, laurel-wreath
cingere encircle
volēns + imperative graciously . . . , be pleased to . . . , *lit.* willingly
Melpomenē, f. Melpomene (one of the Muses)
coma, f. hair
mihi . . . cinge . . . comam i.e. cinge meam comam
cinge volens comam mihi, Melpomene, Delphica lauro

4
exul, m. exile, banished person
requiēs, f. rest, relaxation
fāma, f. reputation, renown
intentus + Form C (dative) intent on
usque constantly
ne mens foret usque intenta suis malis
compēs, f. shackle, fetter
fossor, m. digger, farm-labourer
indocilis untrained, uninstructed
numerus, m. number, *here* = rhythm, music
mollīre soften, alleviate
opus, n. work, job
5 **innītī + Form C (dative)** lean on, put one's weight on
limōsus muddy
prōnus bending forward
harēna, f. sand
tardus slow, sluggish
amnis, m. river
adversō . . . amne up-stream
ratis, f. raft, boat, barge
cantat et . . . qui trahit ratem
pariter equally, at the same time, together
lentus flexing, sluggish, slow
pectus, n. breast, chest
rēmus, m. oar
pulsā in numerum aquā, (in numerum) pulsat bracchia

31

fessus ubi incubuit baculo saxove resedit
  pastor, harundineo carmine mulcet oves.   10
cantantis pariter, pariter data pensa trahentis,
  fallitur ancillae decipiturque labor.

Ovid, *Tristia* IV.1.3–14

5

semper agis causas et res agis, Attale, semper:
  est, non est quod agas, Attale, semper agis.
si res et causae desunt, agis, Attale, mulas.
  Attale, ne quod agas desit, agas animam.

Martial, *Epigrams* I.79

septem clepsydras magna tibi voce petenti
  arbiter invitus, Caeciliane, dedit.
at tu multa diu dicis vitreisque tepentem
  ampullis potas semisupinus aquam.
ut tandem saties vocemque sitimque, rogamus   5
  iam de clepsydra, Caeciliane, bibas.

Martial, *Epigrams* VI.35

7

Eutrapelus tonsor dum circuit ora Luperci
  expingitque genas, altera barba subit.

Martial, *Epigrams* VII.83

incumbere + Form C (dative) lean on, support oneself on
baculum, n. walking-stick, staff
. . . -ve or . . .
residēre sit back, rest
10 pāstor, m. herdsman, shepherd
harundineus made from a reed, *here* = played on a reed-pipe
carmen, n. poem, song
mulcēre caress, soothe
ovis, f. sheep
pēnsum, n. spinning, task (wool weighed out for a slave to spin in a day)
trahere draw, *here* = spin
(ancillae) pariter cantantis (et) pariter . . . trahentis
fallere deceive, beguile away
ancillae labor fallitur decipiturque

5
agere causam plead a case
rēs agere do business
(si) est, (si) non est (id) quod agas
dēesse be lacking, not be available
mūla, f. she-mule
agere mūlās drive mules
agere animam gasp for breath, breathe one's last

6
clepsydra, f. water-clock (measuring time-limit for court-room speaker)
arbiter, m. judge, arbitrator
tibi septem clepsydras . . . petenti arbiter . . . (septem) dedit
vitreus made of glass
tepēre be tepid, be lukewarm
ampulla, f. flask, bottle
pōtāre drink
sēmisupīnus half-supine, lolling back
5 satiāre satisfy, sate
sitim, Form B (accusative): sitis, f. thirst
rogamus (ut) . . . bibas

7
tōnsor, m. barber
circuīre go round, make the circuit of
expingere apply paint to
gena, f. cheek
barba, f. beard
subīre come up

33

ludi magister, parce simplici turbae:
sic te frequentes audiant capillati
et delicatae diligat chorus mensae. *transferred epithet*
nec calculator nec notarius velox
maiore quisquam circulo coronetur.   5
albae leone flammeo calent luces
tostamque fervens Iulius coquit messem.
cirrata loris horridis Scythae pellis,
qua vapulavit Marsyas Celaenaeus,
ferulaeque tristes, sceptra paedagogorum,   10
cessent et Idus dormiant in Octobres:
aestate pueri si valent, satis discunt.

Martial, *Epigrams* X.62

8
lūdus, m. play, show, *here* = school
parcere + Form C (dative) spare
simplex guileless, innocent
sīc *here* = on this condition, if you do this
frequēns crowds of, plentiful, regular
capillātus long-haired (boy)
dēlicātus refined, dainty, pampered
chorus, m. chorus, group
mēnsa, f. table, *here* = desk
dēlicātae . . . chorus mēnsae the dainty chorus round your desk, *lit.* the
    chorus of your dainty table
calculātor, m. arithmetic teacher
notārius, m. shorthand teacher
vēlōx swift, speedy
5 **circulus, m.** circle, group of people
corōnāre crown, encircle
albus white, bright
leō, m. lion, *here* = Leo (sign of the zodiac)
flammeus flaming, fiery
calēre + Form E (ablative) be hot with
lūx, f. light, *here* = day
torrēre parch, roast
fervēre boil, burn
Iūlius, m. July
messis, f. harvest
cirrātus curly-haired, *here* = fringed
lōrum, n. thong, lash
horridus rough, bristling, dreadful
Scytha, m. a Scythian
pellis, f. hide, skin, *here* = tawse, strap
pellis Scythae cirrata loris horridis
vāpulāre be beaten, be flogged
Marsyās, m. Marsyas (satyr flayed by Apollo)
Celaenaeus from Celaenae (a town in Phrygia)
10 **ferula, f.** fennel-stalk, stick, cane
paedagōgus, m. tutor
cessāre stop, take a rest
Scythae pellis . . . ferulaeque tristes . . . cessent
Īdūs . . . Octōbrēs 15th October
valēre be strong, be well
discere learn

35

IV

1

'interea suspensa graves aulaea ruinas
in patinam fecere, trahentia pulveris atri
quantum non Aquilo Campanis excitat agris.
nos maius veriti, postquam nihil esse pericli
sensimus, erigimur. Rufus posito capite, ut si   5
filius immaturus obisset, flere. quis esset
finis ni sapiens sic Nomentanus amicum
tolleret "heu, Fortuna, quis est crudelior in nos
te deus? ut semper gaudes illudere rebus
humanis!" Varius mappa compescere risum   10
vix poterat. Balatro suspendens omnia naso
"haec est condicio vivendi" aiebat, "eoque
responsura tuo numquam est par fama labori.

1
aulaeum, n. curtain, tapestry
ruïna, f. fall, crash, catastrophe
patina, f. dish
fēcēre = fēcērunt
suspensa aulaea fecere graves ruinas in patinam
pulvis, m. dust
āter black, dark
(tantum) pulveris atri quantum . . . as much black dust as . . .
nōn *here* = not even
Aquilō, m. the North Wind
Campānus of Campania (the district round Naples)
maius *here* = something worse
nihil . . . perīclī i.e. **nūllum perīculum**
5 **ērigere** raise up, revive, resuscitate
Rūfus, m. Nasidienus Rufus (the host)
pōnere place, *here* = lay down
ut sī as if
immātūrus unripe, young, before his time
obïsset = obiisset: obïre meet, *here* = meet one's death
flēre weep
nī = nisi
quis esset fīnis nī . . . there's no knowing how things would have turned out,
  had not . . . , *lit.* what would have been the end of it, had not . . .
Nōmentānus, m. Nomentanus (a client of Nasidienus)
tollere lift up, *here* = cheer up
heu alas! ah!
crūdēlis cruel
tē than you
quis deus est crudelior in nos te?
ut *here* = how . . . !
illūdere + Form C (dative) make a mockery of
10 **Varius, m.** Lucius Varius Rufus (poet, playwright and joint editor of the
  Aeneid)
mappa, f. table-napkin
compescere hold in, restrain
rīsus, m. laughter
Balatrō, m. Servilius Balatro (hanger-on of Maecenas)
suspendēns omnia nāsō who turns up his nose at everything, *lit.* hanging
  everything from his nose
condiciō, f. terms, nature
vīvere live
ait says
eō consequently, for that reason
respondēre + Form C (dative) answer to, correspond with
pār equal
fāma, f. reputation
fama par (tuo labori) numquam responsura est tuo labori

tene, ut ego accipiar laute, torquerier omni
sollicitudine districtum, ne panis adustus,   15
ne male conditum ius apponatur, ut omnes
praecincti recte pueri comptique ministrent!
adde hos praeterea casus, aulaea ruant si,
ut modo; si patinam pede lapsus frangat agaso.
sed convivatoris uti ducis ingenium res   20
adversae nudare solent, celare secundae."
Nasidienus ad haec "tibi di quaecumque preceris
commoda dent! ita vir bonus es convivaque comis":
et soleas poscit. tum in lecto quoque videres
stridere secreta divisos aure susurros.'   25
nullos his mallem ludos spectasse; sed illa
redde age quae deinceps risisti. 'Vibidius dum
quaerit de pueris num sit quoque fracta lagoena,
quod sibi poscenti non dantur pocula, dumque
ridetur fictis rerum, Balatrone secundo,   30

tĕne = tĕ-ne
accipere receive, entertain
lautē elegantly, sumptuously
torquērier = torquērī: torquēre torture, torment
tĕne ... torquērier to think that *you* should suffer torments
15 sollicitūdō, f. anxiety, worry
distringere tear apart
pānis, m. bread
adūrere scorch, *here* = hard-bake
male badly
condīre season
iūs, n. sauce
ut *here* = that ... not
praecinctus girt-up, with tunic hitched up (for speed and efficiency)
rēctē properly, fashionably
cōmptus with smart hair, spruced up, neat and tidy
cāsus, m. fall, accident, disaster
si aulaea ruant
ut modo like just now
agāsō, m. stable-boy, bumpkin
20 convīvātor, m. host, giver of dinner-party
utī = ut *here* = like
uti ducis (ingenium) like a general's (talents)
sed res adversae ingenium convivatoris ... *nudare solent*
(res) secundae (ingenium convivatoris) celare (solent)
quīcumque whoever, *here* = whatever
precārī pray, pray for
commodum, n. advantage, benefit, reward
convīva, m. guest (at table)
cōmis kind, cultured
solea, f. sandal
quisque each
vidērēs *here* = you would have seen
25 strīdere hiss, whistle, buzz
sēcrētus separate, private
dīvidere divide, share out
susurrus, m. whisper
videres susurros, (in) secreta aure divisos, stridere
mālle prefer
spectāsse = spectāvisse
reddere *here* = tell, report
deinceps next
Vībidius, m. Vibidius (another parasite of Maecenas)
quaerere dē + Form E (ablative) ask, interrogate
lagoena, f. wine-flask, wine-bottle
30 rīdētur people laugh, *lit.* it is laughed
fictīs rērum (i.e. fictīs rēbus) at manufactured jokes
Balatrōne secundō with Balatro's assistance

39

Nasidiene, redis mutatae frontis, ut arte
emendaturus fortunam . . .

               tum pectore adusto
vidimus et merulas poni et sine clune palumbes,
suaves res, si non causas narraret earum et   35
naturas dominus; quem nos sic fugimus ulti,
ut nihil omnino gustaremus, velut illis
Canidia adflasset peior serpentibus Afris.'
Horace, *Satires* II.8.54–85, 90–5

(2)

'maximā iam vacuo praetor spectaculā Circo
    quadriiugos aequo carcere misit equos.
cui studeas, video; vincet, cuicumque favebis:
    quid cupias, ipsi scire videntur equi.
me miserum, metam spatioso circuit orbe;   5
    quid facis? admoto proximus axe subit.
quid facis, infelix? perdis bona vota puellae;
    tende, precor, validā lorā sinistrā manū.
favimus ignavo. sed enim revocate, Quirites,
    et date iactatis undique signa togis.   10
en revocant; at, ne turbet togā motā capillos,

mūtāre change
frōns, f. forehead, *here* = expression
mūtātae frontis with a changed expression
ut *here* = as if
ēmendāre remedy, make good

pectus, n. chest, breast
adūrere scorch, *here* = crisp, grill
merula, f. blackbird
clūnis, m.f. haunch, rump
palumbes, m.f. pigeon
tum ... vidimus ... merulas poni et ... palumbes
36 ulciscī take revenge
quem nos fugimus sic ulti ut ...
gustāre taste
velut as if
Cānidia, f. Canidia (a sorceress)
adflāsset = adflāvisset: adflāre + Form C (dative) breathe on
serpēns Āfra, f. African snake (supposed to have deadly breath)

2
vacuus empty, clear
praetor, m. praetor (senator holding senior political and legal office)
Circus, m. Circus Maximus
quadriiugus harnessed in fours
carcer, m. prison, starting-box
*(in) vacuo Circo (Maximo) praetor equos quadriiugos ... (ex) aequo
carcere iam misit*
studēre + Form C (dative) support
quicumque whoever
5 mē miserum just my luck! *lit.* poor me!
mēta, f. turning-post
spatiōsus spacious, wide, generous
orbis, m. circle, curve, turn
admovēre move near, bring in close
axis, m. axle, axle-tree
subīre approach, come near, come up gradually
perdere lose
vōtum, n. wish
tendere stretch, put under tension, pull tight
precārī pray
lōrum, n. leather strap, *here* = rein
sinister left-hand
validā ... manū
ignāvus lazy, cowardly
sed enim revocāte but come on, call them back
Quirītēs, m. pl. Romans
10 iactāre throw, wave, flourish
ēn look! see! there!
turbāre disturb, disarrange

41

in nostros abdas te licet usque sinus.
iamque patent iterum reserato carcere postes,
    evolat admissis discolor agmen equis.
nunc saltem supera spatioque insurge patenti: 15
    sint mea, sint dominae fac rata vota meae.
sunt dominae rata vota meae, mea vota supersunt;
    ille tenet palmam, palma petenda mea est.'
risit et argutis quiddam promisit ocellis:
    'hoc satis hic; alio cetera redde loco.'   20

Ovid, *Amores* III.2.65–84

(3)

nunc leporem pronum catulo sectare sagaci,
    nunc tua frondosis retia tende iugis;
aut pavidos terre varia formidine cervos,
    aut cadat adversa cuspide fossus aper.
nocte fatigatum somnus, non cura puellae,   5
    excipit et pingui membra quiete levat.
lenius est studium, studium tamen, alite capta

abdere hide
tē licet + subjunctive you may, *lit.* it is permitted for you to
usque . . . in all the way to, right into, deep in
sinus, m. curve, bosom, toga-fold
patēre be open
reserāre unlock, open
postis, m. door-post, *here* = gate
ēvolāre fly out, rush out
admittere allow to enter, release
discolor of different colours, variegated
agmen, n. crowd, cluster, squad
15 **saltem** at least
insurgere get up, *here* = accelerate
ratus sure, fulfilled
(fac) sint mea (vota rata): fac sint dominae meae vota rata
superesse be left, remain
palma, f. palm, prize
argūtus bright, sparkling, expressive
quiddam, n. something
ocellus, m. pretty eye, *lit.* little eye
20 **reddere** hand over, deliver, pay

3
lepus, m. hare
prōnus bent forward, crouching
catulus, m. young dog, hound
sectārī pursue, chase
sagāx shrewd, *here* = keen-scented
frondōsus leafy
rēte, n. hunting-net
tendere stretch out, spread
iugum, n. yoke, *here* = ridge, hill-top
(in) frondosis iugis
pavidus trembling, frightened
varius variegated, multi-coloured, diverse
formīdō, f. fear, *here* = scare (rope with feathers attached for frightening
      game)
cervus, m. stag
cuspis, f. spear
fodere jab, stab
aper, m. wild boar
5 **fatīgāre** tire out, exhaust
somnus, m. sleep
nocte somnus . . . excipit (te) fatigatum
pinguis fat, rich, *here* = refreshing
membrum, n. limb
levāre raise up, *here* = restore
lēnis gentle, mild
studium, n. enthusiasm, pastime
āles, f. bird
ālite captā by catching birds

43

aut lino aut calamis praemia parva sequi,
vel, quae piscis edax avido male devoret ore,
    abdere sub parvis aera recurva cibis.   10
aut his aut aliis, donec dediscis amare,
    ipse tibi furtim decipiendus eris.

Ovid, *Remedia Amoris* 201–12

4

sutor cerdo dedit tibi, culta Bononia, munus,
    fullo dedit Mutinae: nunc ubi caupo dabit?

Martial, *Epigrams* III.59

5

effugere in thermis et circa balnea non est
    Menogenen, omni tu licet arte velis.
captabit tepidum dextra laevaque trigonem,
    imputet acceptas ut tibi saepe pilas.
colligit et referet laxum de pulvere follem,   5
    et si iam lotus, iam soleatus erit.
lintea si sumes, nive candidiora loquetur,

linum, n. thread, *here* = net
calamus, m. reed, lime-twig
lenius est studium . . . praemia parva sequi
piscis, m. fish
edāx greedy, gluttonous
avidus greedy, voracious
male badly, ill-advisedly, to ill effect
10 **abdere** hide
aes, n. bronze, *here* = bronze fish-hook
recurvus bent back, curved
abdere . . . aera recurva . . . , quae piscis . . . devoret
dōnec until
dēdiscere unlearn, forget how to
tibī *here* = by your own self
fūrtim stealthily, secretly

4
sūtor, m. cobbler, shoemaker
cerdō (*here* **cerdo**), **m.** artisan, working-class
cultus elegant, sophisticated
Bonōnia, f. Bononia (town in North Italy, now Bologna)
mūnus, n. duty, present, *here* = gladiatorial show
fullō (*here* **fullo**), **m.** fuller, laundryman
Mutina, f. Mutina (town in North Italy, now Modena)
caupō (*here* **caupo**), **m.** shopkeeper, innkeeper

5
est + infinitive it is possible
Mēnogenēn, Greek Form B (accusative): Mēnogenēs, m. Menogenes
non est effugere . . . Menogenen
licet *here* = although
velle wish, *here* = try
licet tu velis (effugere) omni arte
captāre try to catch, try to touch
laeva (manus), f. left hand
trigōn, m. trigon-ball (small and hard ball for the game of trigon)
imputāre + Form C (dative) credit to an account, *here* = score to
accipere receive, *here* = catch
pila, f. ball
ut saepe tibi imputet (suas) acceptas pilas
5 **laxus** slack, soft
pulvis, m. dust
follis, m. large soft-ball, beach-ball
et sī even if
lōtus = lavātus
soleātus wearing dinner-sandals
linteum, n. linen cloth, *here* = towel
sūmere take
nix, f. snow
candidus bright, white
loquī talk, *here* = speak of them as

45

sint licet infantis sordidiora sinu.
exiguos secto comentem dente capillos
   dicet Achilleas disposuisse comas.   10
fumosae feret ipse propin de faece lagoenae
   frontis et umorem colligit usque tuae.
omnia laudabit, mirabitur omnia, donec
   perpessus dicas taedia mille 'veni!'

Martial, *Epigrams* XII.82

6

turricula

quae scit compositos manus improba mittere talos,
   si per me misit, nil nisi vota feret.

Martial, *Epigrams* XIV.16

V

1

nulla etenim mihi te fors obtulit: optimus olim
Vergilius, post hunc Varius, dixere quid essem.
ut veni coram, singultim pauca locutus,
infans namque pudor prohibebat plura profari,
non ego me claro natum patre, non ego circum   5

licet sint
sinus, m. curve, *here* = lap
exiguus small, scanty
cŏmere make beautiful, do one's hair, titivate
sectŏ ... **dente** with a comb, *lit.* with separated tooth
10 **Achillēus** of Achilles, Achillean
coma, f. hair
dicet (te), comentem ... exiguos capillos, disposuisse Achilleas comas
fūmōsus smoky, smoke-stained
propĭn, Greek Form B (accusative): propĭn, n. apéritif, appetiser
faex, f. dregs
lagoena, f. wine-flask, wine-bottle
frŏns, f. forehead, brow
et frontis
ūmor, m. liquid, moisture
usque constantly
mīrārī marvel at, admire
dōnec until
perpetī endure patiently, put up with
taedium, n. nuisance, vexation
donec, perpessus mille taedia, dicas 'veni!'

6
turricula, f. little tower, *here* = dice-thrower
compōnere arrange, *here* = pre-arrange
improbus wicked, immoral, cheating
tālus, m. knuckle-bone
manus improba quae scit compositos talos mittere ...
vōtum, n. wish, prayer
ferre carry, *here* = get, win

1
etenim for the fact is
fors, f. luck, chance
etenim nulla fors te mihi obtulit
Varius, m. Lucius Varius Rufus (poet, playwright and joint editor of the *Aeneid*)
dixēre = dixērunt
ut *here* = as, when
cŏram face to face, into the presence
singultim falteringly, *lit.* sobbingly
īnfāns tongue-tied, inarticulate, baby-like
namque for
pudor, m. modesty, shyness
namque infans pudor ...
profārī speak, say
non ego (narro) me ... natum (esse)
5 **circum** ... **vectārī = circumvectārī** travel round

me Satureiano vectari rura caballo,
sed quod eram narro. respondes, ut tuus est mos,
pauca: abeo; et revocas nono post mense iubesque
esse in amicorum numero. magnum hoc ego duco
quod placui tibi, qui turpi secernis honestum,   10
non patre praeclaro sed vita et pectore puro.

Horace, *Satires* I.6.54–64

2

protinus excolimur teneri curaque parentis
    imus ad insignes urbis ab arte viros.
frater ad eloquium viridi tendebat ab aevo,
    fortia verbosi natus ad arma fori;
at mihi iam puero caelestia sacra placebant,   5
    inque suum furtim Musa trahebat opus.
saepe pater dixit 'studium quid inutile temptas?
    Maeonides nullas ipse reliquit opes.'
motus eram dictis, totoque Helicone relicto
    scribere temptabam verba soluta modis.   10
sponte sua carmen numeros veniebat ad aptos,
    et quod temptabam dicere versus erat.
interea tacito passu labentibus annis
    liberior fratri sumpta mihique toga est,

Satureiānus Tarentine (from Tarentum (modern Taranto) in Calabria, South Italy)
rūs, n. countryside
caballus, m. horse
non ego (narro) me circumvectari rura Satureiano caballo
nonus ninth
ego duco hoc (esse) magnum
10 **turpis** dishonourable, discreditable, disreputable
sēcernere separate, distinguish
praeclārus famous
pectus, n. breast, *here* = heart, spirit

2
excolere cultivate, *here* = educate
(ego et frater) excolimur
prōtinus ... **teneri** right from our earliest years, *lit.* from the very first, being young
īnsignis ab + Form E (ablative) distinguished in
urbis i.e. **Rōmae**
ars, f. skill, art, *here* = theory, systems, technique
ēloquium, n. public speaking
viridis green, *here* = youthful
tendere ad + Form B (accusative) stretch towards, *here* = incline towards
aevum, n. age
verbōsus wordy, full of words
arma, n. pl. weapons, warfare
5 **caelestia sacra, n. pl.** inspired poetry, *lit.* holy things from heaven
fūrtim stealthily, imperceptibly
Mūsa, f. the Muse (goddess of poetic inspiration)
Musa (me) trahebat
opus, n. work, activity, business
studium, n. enthusiasm, pursuit
Maeonidēs, m. Homer (Greek epic poet)
dictum, n. word
Helicōn, m. Helicon (Greek mountain sacred to Apollo and the Muses)
tōtō ... **Helicōne relictō** totally abandoning poetry, *lit.* leaving the whole of Mount Helicon
10 **solvere** release
modus, m. measure, rhythm, metre
sponte suā of its own accord, spontaneously
carmen, n. song, poetry
numerus, m. number, *here* = rhythm
tacitus silent
passus, m. pace, step
annis tacito passu labentibus
frātrī ... **mihīque** *here* = by my brother and myself
sūmere take, assume
līberior ... **toga, f.** adult's toga, *lit.* toga giving more freedom

49

induiturque umeris cum lato purpura clavo,   15
   et studium nobis, quod fuit ante, manet.
iamque decem vitae frater geminaverat annos,
   cum perit, et coepi parte carere mei.
cepimus et tenerae primos aetatis honores,
   eque viris quondam pars tribus una fui.   20
curia restabat: clavi mensura coacta est;
   maius erat nostris viribus illud onus.
nec patiens corpus, nec mens fuit apta labori,
   sollicitaeque fugax ambitionis eram,
et petere Aoniae suadebant tuta sorores   25
   otia, iudicio semper amata meo.

Ovid, *Tristia* IV.10.15–40

3

iam prope lux aderat, qua me discedere Caesar
   finibus extremae iusserat Ausoniae.
nec spatium nec mens fuerat satis apta parandi:
   torpuerant longa pectora nostra mora.
non mihi servorum, comites non cura legendi,   5

15   **induere + Form C (dative)** put on
  umerus, m. shoulder
  purpura, f. purple
  cum lātō . . . clāvō in a broad stripe
  purpura, cum lato clavo, induitur umeris (nostris)
  gemināre double
  frater geminaverat decem annos vitae
  carēre + Form E (ablative) lack
  meī, Form D (genitive): ego
  aetās, f. age
  honor, m. honour, political office
20   **quondam** once, at one time
  virī . . . trēs, m. pl. the *tresviri* (a group of three minor political officials)
  (ego) fui quondam pars una e viris tribus
  cūria, f. senate house
  restāre remain
  mēnsūra, f. measure, breadth
  cōgere compel, *here* = compress, make narrow
  onus, n. burden
  nec corpus (fuit) patiens (labori)
  sollicitus worried, *here* = troublesome
  fugāx runaway, fugitive
  ambitiō, f. canvassing, ambition, standing for office
25   **suādēre** persuade, advise
  Āoniae . . . sorōrēs, f. pl. the Muses, *lit.* the Boeotian sisters (Mount
    Helicon, the home of the Muses, being in the Greek district of Boeotia)
  ōtium, n. leisure
  Aoniae sorores suadebant petere tuta otia
  iūdicium, n. judgement, assessment

3
  prope nearly
  lūx, f. light, day
  quā in which, on which
  Caesar, m. Caesar, the Emperor, *here* = Augustus
  finēs, m. pl. territory, land
  extrēmus the edge of, last
  qua Caesar . . . iusserat me discedere . . .
  Ausonia, f. Italy
  (e) finibus extremae . . . Ausoniae from land at the boundary of Italy, *lit.*
    from the land of outermost Ausonia
  spatium, n. space, *here* = time
  satis apta, n. pl. suitable enough equipment
  spatium . . . parandi time for getting ready . . .
  torpēscere grow numb
  pectus, n. breast, *here* = heart, mind
  pectora nostra torpuerant longā morā
5   **legere** gather, choose
  non mihi (fuit cura) servorum (legendorum), non (mihi fuit) cura legendi
  comites

non aptae profugo vestis opisve fuit.
non aliter stupui, quam qui Iovis ignibus ictus
    vivit et est vitae nescius ipse suae.
ut tamen hanc animi nubem dolor ipse removit,
    et tandem sensus convaluere mei,   10
alloquor extremum maestos abiturus amicos,
    qui modo de multis unus et alter erat.
uxor amans flentem flens acrius ipsa tenebat,
    imbre per indignas usque cadente genas.
nata procul Libycis aberat diversa sub oris,   15
    nec poterat fati certior esse mei.
quocumque aspiceres, luctus gemitusque sonabant,
    formaque non taciti funeris intus erat.
femina virque meo, pueri quoque funere maerent,
    inque domo lacrimas angulus omnis habet.   20
si licet exemplis in parvis grandibus uti,
    haec facies Troiae, cum caperetur, erat.

Ovid, *Tristia* I.3.5—26

4

cunarum fueras motor, Charideme, mearum
    et pueri custos adsiduusque comes.

profugus, m. an exile
... **-ve** or ...
non (mihi cura) fuit ... *vestis opisve*
stupēre be stunned, be stupefied
nōn aliter ... **quam** just like, *lit.* not otherwise than
Iovis ignēs, m. pl. lightning, *lit.* Jupiter's fires
īcere strike
vīvere live
nescius + Form D (genitive) unaware of, ignorant of
ut *here* = as, as soon as
nūbēs, f. cloud
10 **convaluēre** = **convaluērunt**
sensūs mei convaluere
alloquī address, speak to
extrēmum for the last time
maestus sad
modo just now, recently, now, only
ūnus et alter one or two, *lit.* one and the second
flēre weep
uxor amans (et) ipsa flens acrius tenebat (me) flentem
imber, m. rain, shower, *here* = tears
indignus unworthy, *here* = guiltless, not deserving misfortune
usque continually
gena, f. cheek
15 **nāta, f.** daughter
Libycus Libyan, African
dīversus remote, distant
sub + Form E (ablative) under, *here* = at, near
certior esse + Form D (genitive) be informed of
quōcumque aspicerēs look wherever you might
lūctus, m. mourning, sorrow
gemitus, m. groaning, moaning
sonāre sound, resound
fōrma, f. shape, appearance
tacitus silent
intus inside, indoors
puer, m. boy, slave
maerēre grieve, mourn
femina virque meo ... *funere maerent*
20 **angulus, m.** corner, nook and cranny
licet *here* = it is permitted, one may
si licet uti exemplis grandibus in parvis (rebus)
faciēs, f. appearance

4
cūnae, f. pl. cradle
mōtor, m. mover, rocker
puerī while I was a child, *lit.* (of me) a child
adsiduus continual

53

iam mihi nigrescunt tonsa sudaria barba
  et queritur labris puncta puella meis;
sed tibi non crevi: te noster vilicus horret,   5
  te dispensator, te domus ipsa pavet.
ludere nec nobis nec tu permittis amare;
  nil mihi vis et vis cuncta licere tibi.
corripis, observas, quereris, suspiria ducis,
  et vix a ferulis temperat ira tua.   10
si Tyrios sumpsi cultus unxive capillos,
  exclamas 'numquam fecerat ista pater';
et numeras nostros adstricta fronte trientes,
  tamquam de cella sit cadus ille tua.
desine; non possum libertum ferre Catonem.   15
  esse virum iam me dicet amica tibi.
Martial, *Epigrams* XI.39

5

natorum mihi ius trium roganti
Musarum pretium dedit mearum
solus qui poterat. valebis, uxor.
non debet domini perire munus.
Martial, *Epigrams* II.92

nigrēscere go black, become dark
tondēre clip, shave
sūdārium, n. handkerchief, barber's towel
barba, f. beard
sudaria nigrescunt tonsā barbā
queri complain
labrum, n. lip
5 **tibi** *here* = in your eyes
crēscere grow, grow up
horrēre bristle, tremble at
dispēnsātor, m. steward, accountant
pavēre be frightened of
lūdere play, have fun
tu permittis nobis nec ludere nec amare
nil mihi vis (licere)
cūnctus all
licēre be permitted
corripere grab, *here* = rebuke, criticise
suspīrium, n. sigh
10 **ferula, f.** fennel-stalk, stick, cane
temperāre restrain oneself, abstain
Tyrius purple, *lit.* Tyrian, dyed with purple from Tyre
sūmere take, adopt
cultus, m. style, refinement, *here* = clothing
Tyrios . . . cultūs
unguere anoint, dress
. . . -ve or *. . .*
fēcerat i.e. **fēcit**
adstringere tie up, compress, knit (brows)
frōns, f. forehead, brow
triēns, m. wine-cup, cup of wine
cadus, m. wine-jar
15 **Catō, m.** a killjoy, a puritan, *lit.* a Cato (renowned for high moral
    principles)
amica tibi dicet me iam esse virum

5
nātōrum . . . iūs trium privileges of a father of three sons, *lit.* the right of
    three sons
mihi . . . roganti
Mūsae, f. pl. the Muses, *here* = poetic inspiration
(Domitianus), qui solus poterat, mihi . . . dedit pretium Musarum mearum
valēbis farewell! goodbye!
perīre die, *here* = be wasted
mūnus, n. duty, show, *here* = gift

55

VI

(1)

si quicquam mutis gratum acceptumve sepulcris
    accidere a nostro, Calve, dolore potest,
quo desiderio veteres renovamus amores
    atque olim missas flemus amicitias,
certe non tanto mors immatura dolori est   5
    Quintiliae, quantum gaudet amore tuo.

Catullus, *Poems* 96

(2)

diffugere nives, redeunt iam gramina campis
    arboribusque comae;
mutat terra vices, et decrescentia ripas
    flumina praetereunt;
Gratia cum Nymphis geminisque sororibus audet   5
    ducere nuda choros.
immortalia ne speres, monet annus et almum
    quae rapit hora diem:
frigora mitescunt Zephyris, ver proterit aestas
    interitura simul   10
pomifer Autumnus fruges effuderit, et mox
    bruma recurrit, iners.

1

sī quicquam if anything at all
mūtus dumb, silent
grātus pleasing
acceptus acceptable, welcome
. . . -ve or . . .
sī quicquam . . . grātum acceptumve . . . potest accidere a nostro . . . dolore
(a) desiderio quo . . . from the sense of longing with which . . .
renovāre renew, relive
ōlim once, a long time ago
mittere send, *here* = abandon
flēre weep, weep for
amīcitia, f. friendship, affection
5 **immātūrus** early, premature
Quīntilia, f. Quintilia (wife or mistress of Calvus)
mors immatura non tanto dolori est Quintiliae, quantum (Quintilia) gaudet
amore tuo her premature death occasions Quintilia less distress than
your love brings pleasure, *lit.* her premature death is not with so much
pain for Quintilia, as (Quintilia) rejoices in your love

2

diffūgēre = **diffūgērunt: diffugere** scatter, disperse
nix, f. snow
grāmen, n. grass
campus, m. field
coma, f. hair, foliage
comae (redeunt) arboribus
mūtat terra vicēs the earth changes her seasons, *lit.* the earth alters her
changes
dēcrēscere grow smaller, dwindle
rīpa, f. bank
praeterīre go past, *here* = flow along
5 **Grātia, f.** a Grace (one of the three personifications of beauty, gentleness
and friendship)
Nympha, f. nymph (young and beautiful nature-goddess)
geminus twin, two
chorus, m. chorus, dancing and singing
annus monet ne immortalia speres
almus nurturing, life-giving
et hora, quae rapit almum diem, (monet)
frīgus, n. cold
mītēscere soften, become milder
Zephyrus, m. Zephyr, West Wind
vēr, n. spring
prōterere drive away, trample on, overthrow
10 **interīre** perish, die
simul = **simulac**
pōmifer fruit-bearing, fruit-bringing
frūgēs, f. pl. fruit, produce
brūma, f. winter
iners sluggish, idle

damnă tamen celeres reparant caelestiă lunae:
  nos ubi decidimus
quo pater Aeneas, quo Tullus dives et Ancus,   15
  pulvis et umbra sumus.
quis scit an adiciant hodiernae crastină summae
  temporă di superi?
cuncta manus avidas fugient heredis, amico
  quae dederis animo.   20
cum semel occideris et de te splendidă Minos
  fecerit arbitriă,
non, Torquate, genus, non te facundiă, non te
  restituet pietas;
infernis neque enim tenebris Diană pudicum   25
  liberat Hippolytum,
nec Lethaeă valet Theseus abrumpere caro
  vinculă Perithoo.

Horace, *Odes* IV.7

damnum, n. loss
damna ... celerēs reparant quickly recover their losses
lunae ... damna ... celeres reparant moons ... quickly recover their ...
 losses
dēcidere fall down, die, sink away
quo (deciderunt) ... to the place where ... have descended
15 **Aenēās, m.** Aeneas (legendary founder of Rome)
Tullus, m. Tullus Hostilius (third king of Rome)
Ancus, m. Ancus Marcius (fourth king of Rome)
pulvis, m. dust
an *here* = whether
adicere throw towards, *here* = add
hodiernus today's
crāstinus tomorrow's
summa, f. sum, amount, total
superus above
an di superi adiciant crastina tempora hodiernae summae
cūnctus all
avidus greedy
hērēs, m. heir
amīcus friendly, *here* = your own dear
cuncta quae amico animo dederis manūs avidas heredis fugient
21 **semel** once
occidere fall, die
splendidus brilliant, distinguished, clear
Minōs, m. Minos (one of the judges of the dead)
arbitrium, n. judgement
fācundia, f. eloquence
restituere restore, bring back
pietās, f. sense of duty, dutifulness
25 **infernus** down below, of the Underworld
Diāna (*here* **Dīāna**), **f.** Diana (virgin goddess of the moon)
pudīcus chaste
Hippolytus, m. Hippolytus (devotee of the goddess Diana)
neque ... Diana liberat pudicum Hippolytum (ex) infernis tenebris ...
Lēthaeus of Lethe (river of the Underworld, conferring forgetfulness on
 those who drank its waters)
valēre have strength to, be strong enough to
Thēseus, m. Theseus (made joint attempt with Pirithous (line 28) to carry
 off Persephone from Underworld; both captured by Hades in the Chair
 of Forgetfulness, but Theseus released by Heracles)
abrumpere + Form E (ablative) break off ... from, detach ... from
cārus dear
Pērithous, m. Pirithous (hero and close friend of Theseus)
nec Theseus valet abrumpere Lethaea vincula caro Perithoo

3

durat opus vatum, Troiani fama laboris
   tardaque nocturno tela retexta dolo:
sic Nemesis longum, sic Delia nomen habebunt,
   altera cura recens, altera primus amor.
quid vos sacra iuvant? quid nunc Aegyptia prosunt   5
   sistra? quid in vacuo secubuisse toro?
cum rapiunt mala fata bonos, (ignoscite fasso)
   sollicitor nullos esse putare deos.
vive pius: moriere pius; cole sacra: colentem
   mors gravis a templis in cava busta trahet.   10
carminibus confide bonis: iacet ecce Tibullus;
   vix manet e toto, parva quod urna capit.
tene, sacer vates, flammae rapuere rogales,
   pectoribus pasci nec timuere tuis?
aurea sanctorum potuissent templa deorum   15
   urere, quae tantum sustinuere nefas.

3
dūrāre last, endure
opus, n. work
vātēs, m. prophet, *here* = poet
fāma, f. fame, story
Troiānī . . . labōris the Trojan struggle, the Trojan War
tarda . . . tēla, f. slow-woven cloth (Penelope's delaying-tactic), *lit.* slow
    web
retexere unweave, unravel
dolus, m. trickery, deception
Nemesis, f., Delia, f. girl-friends of the poet Tibullus
nōmen, n. name, *here* = fame, renown
sic Nemesis longum (nomen), sic Delia (longum) nomen habebunt
5 sacra, n. pl. religious rites, religion, *lit.* holy things
iuvāre help, be of use
prōdesse be useful, be beneficial
sīstrum, n. rattle (as used in the worship of Isis)
sēcubāre sleep on one's own
torus, m. couch, bed
quid (prodest te) secubuisse in vacuo toro
ignōscere + Form C (dative) forgive
fatērī confess
ignoscite (mihi) fasso pardon me for having confessed this, *lit.* forgive me
    having confessed
sollicitāre disturb, *here* = tempt
vīvere live
pius dutiful
moriēre = moriēris (future): morī
10 cavus hollow
bustum, n. tomb
mors . . . trahet (te) . . . colentem (sacra) . . . in . . . busta
carmen, n. song, poem, poetry
Tibullus, m. Albius Tibullus (poet and contemporary of Ovid)
e toto (corpore) vix manet (id) quod parva urna capit
tēne . . . ? = tē-ne . . . ?
rapuēre = rapuērunt
rogālis of the funeral pyre
pectus, n. breast
pāscī + Form E (ablative) feed on
timuēre = timuērunt
nec (flammae) timuere pectoribus tuis pasci
15 sānctus holy
(flammae) potuissent (the flames) could have
ūrere burn
sustinuēre = sustinuērunt: sustinēre support, *here* = take upon oneself,
    presume
nefās, n. sacrilege
(flammae), quae tantum nefas sustinuere, potuissent templa . . . urere

avertit vultus, Erycis quae possidet arces;
    sunt quoque qui lacrimas continuisse negant.
sed tamen hoc melius, quam si Phaeacia tellus
    ignotum vili supposuisset humo.   20
hic certe madidos fugientis pressit ocellos
    mater et in cineres ultima dona tulit;
hic soror in partem miserā cum matre doloris
    venit inornatas dilaniata comas,
cumque tuis sua iunxerunt Nemesisque priorque   25
    oscula nec solos destituere rogos.
Delia discedens 'felicius' inquit 'amata
    sum tibi: vixisti, dum tuus ignis eram.'
cui Nemesis 'quid' ait 'tibi sunt mea damna dolori?
    me tenuit moriens deficiente manu.'   30
si tamen e nobis aliquid nisi nomen et umbra
    restat, in Elysia valle Tibullus erit.
Ovid, *Amores* III.9.29−60

Eryx, m. Eryx (Sicilian mountain sacred to Venus)
possidēre possess, occupy
arx, f. citadel, summit
(dea) quae possidet arces Erycis avertit vultūs
negāre deny, say . . . not
qui negant (Venerem) lacrimas continuisse
Phaeācia tellūs, f. Corcyra (where Tibullus fell dangerously ill, modern Corfu), *lit.* Phaeacian land
20 **ignōtus** unknown
(te) ignotum
vīlis cheap, worthless
suppōnere + Form C (dative) place beneath, bury under
hīc here (i.e. in Italy)
madidus wet (with tears)
fugere run away, *here* = die
(tui) fugientis of you as you were dying
ocellus, m. dear eye
cinis, m. ashes
in partem . . . dolōris to share the pain
inōrnātās dīlaniāta comās with hair dishevelled and torn, *lit.* having torn her dishevelled hair
25 **iungere** join
prior (puella), f. earlier (girl), i.e. Delia
cumque tuis and with those of your family
Nemesis et prior iunxerunt sua oscula cum . . . tuis
sōlus only, lonely, solitary
dēstituēre = dēstituērunt: dēstituere desert, abandon
rogus, m. pyre
fēlīcius with better fortune, more happily
tibi *here* = by you
vīvere live, live life to the full
ignis, m. fire, flame, *here* = love
quid? *here* = why?
ait says
damnum, n. loss
tibi sunt . . . dolōrī are painful to you, *lit.* are for a pain to you
30 **dēficere** weaken, fail
aliquid nisi something other than
restāre remain
Ēlysia vallis, f. Elysian valley (idyllic after-life resting-place of those favoured by the gods)

63

4

qua vicina pluit Vipsanis porta columnis
    et madet adsiduo lubricus imbre lapis,
in iugulum pueri, qui roscida tecta subibat,
    decidit hiberno praegravis unda gelu:
cumque peregisset miseri crudelia fata,   5
    tabuit in calido vulnere mucro tener.
quid non saeva sibi voluit Fortuna licere?
    aut ubi non mors est, si iugulatis aquae?

Martial, *Epigrams* IV.18

5

hanc tibi, Fronto pater, genetrix Flaccilla, puellam
    oscula commendo deliciasque meas,
parvula ne nigras horrescat Erotion umbras
    oraque Tartarei prodigiosa canis.
impletura fuit sextae modo frigora brumae,   5

4

quā where
vīcīnus + **Form C (dative)** next to
pluere rain, drip
Vipsānus Vipsanian, *here* = built by Vipsanius Agrippa (right-hand man of
    Augustus)
qua porta pluit vicina Vipsanis columnis
madēre be wet
adsiduus continuous
lūbricus slippery
imber, m. rain, *here* = water
lapis, m. stone
iugulum, n. throat, neck
rōscidus dewy, *here* = wet
tēctum, n. roof
hībernus of winter, wintry
praegravis + **Form E (ablative)** very heavy with, overburdened with
gelū, n. frost, ice
in iugulum pueri . . . decidit . . . unda praegravis gelu
5 peragere pierce, *here* = accomplish, bring to completion
miseri (pueri)
tābēscere melt
calidus warm
mucrō (*here* mucro), m. point
tener soft, *here* = delicate, frail
voluit i.e. vult
licēre be permitted
iugulāre cut the throat, kill
si (vos), aquae, iugulatis

5

Frontō (*here* Fronto), m. Fronto (Martial's father)
genetrīx, f. mother
Flaccilla, f. Flaccilla (Martial's mother)
ōscula, n. pl. kisses, *here* = sweetheart
hanc puellam . . . tibi . . . commendo
niger black, dark
horrēscere tremble at
parvula . . . Erōtion, f. dear little Erotion (Martial's dead slave-girl)
ne parvula Erotion horrescat nigras umbras
ōs, n. mouth, face
prōdigiōsus unnatural, extraordinary
Tartareus . . . canis, m. Cerberus, *lit.* dog of Tartarus (the Underworld)
5 implēre fill, complete
sextus sixth
modo just recently
frīgus, n. cold
brūma, f. winter

inter tam veteres ludat lasciva patronos
   et nomen blaeso garriat ore meum.
mollia non rigidus caespes tegat ossa nec illi,
   terra, gravis fueris: non fuit illa tibi.   10

Martial, *Epigrams* V.34

VII

1

Lesbia mi dicit semper male nec tacet umquam
   de me: Lesbia me dispeream nisi amat.
quo signo? quia sunt totidem mea: deprecor illam
   assidue, verum dispeream nisi amo.

Catullus, *Poems* 92

2

   donec gratus eram tibi
nec quisquam potior bracchia candidae
   cervici iuvenis dabat,
Persarum vigui rege beatior.
   'donec non alia magis   5
arsisti neque erat Lydia post Chloen,
   multi Lydia nominis
Romana vigui clarior Ilia.'
   me nunc Thraessa Chloe regit,

vīvere live
totidem just so many, an equal number of
minus less
ni(si) illa vixisset totidem dies minus
lūdere play
lascīvus lively, mischievous, playful
blaesus stuttering, lisping
garrīre chatter, prattle
caespes, m. turf
tegere cover
os, n. bone
10 **fueris** be!
non fuit illa (gravis) tibi

1
mi(hi) . . . *male dicit* insults me, criticises me
disperīre perish, die
dispeream nisi Lesbia me amat it's a dead certainty Lesbia loves me, *lit.*
    may I die if Lesbia doesn't love me
sunt totidem mea I'm no different, I'm just the same, *lit.* mine are just so
    many
dēprecārī + Form B (accusative) beg for relief from
assiduē continually

2
dōnec until, *here* = so long as
grātus welcome, popular
potior preferable, preferred (to me)
candidus bright, white
cervīx, f. neck
nec quisquam iuvenis . . . *dabat bracchia cervici (tuae) candidae*
Persae, m. pl. the Persians
vigēre flourish
beātus fortunate, happy, wealthy
6 **ardēre + Form E (ablative)** burn, *here* = burn with passion for, be madly in
    love with
donec non aliā (puellā) . . . *arsisti*
Lȳdia, f. Lydia (the girl to whom this poem was written − now speaking
    about herself)
Chloēn, Greek Form B (accusative): Chloē, f. Chloe (the poet's current
    girl-friend)
nōmen, n. name, *here* = fame, renown
(ego) Lydia multi nominis
clārus bright, famous
Īlia, f. Ilia (mother of Romulus and Remus)
Thraessa, f. Thracian, from Thrace (approximately modern Bulgaria)
regere control, rule (my heart)

dulces docta modos et citharae sciens,   10
 pro qua non metuam mori,
si parcent animae fata superstiti.
 'me torret face mutua
Thurini Calais filius Ornyti,
 pro quo bis patiar mori,   15
si parcent puero fata superstiti.'
 quid si prisca redit Venus
diductosque iugo cogit aeneo,
 si flava excutitur Chloe
reiectaeque patet ianua Lydiae?   20
 'quamquam sidere pulchrior
ille est, tu levior cortice et improbo
 iracundior Hadria,
tecum vivere amem, tecum obeam libens.'

Horace, *Odes* III.9

3

colligere incertos et in ordine ponere crines
 docta neque ancillas inter habenda Nape
inque ministeriis furtivae cognita noctis
 utilis et dandis ingeniosa notis,

10 **dulcis** sweet, lovely, sweet-sounding
doctus + Form B (accusative) expert in
modus, m. rhythm, poem, song
cithara, f. lyre
sciēns + Form D (genitive) skilled with
metuere be afraid
parcere + Form C (dative) spare
anima, f. life, *here* = darling
superstes surviving, outliving (me)
si fata parcent animae superstiti
torrēre scorch
fax, f. torch, fire, passion
mūtuus mutual, reciprocal, returned
Thūrīnus from Thurii (on the Bay of Tarentum in South Italy)
Calais, m. Calais (Lydia's current boy-friend)
15 **bis** twice
quid sī...? but what will you do if...? but how will you react if...?
prīscus old, former
Venus, f. Venus, *here* = Love
dīdūcere separate
iugum, n. yoke
cōgere force, bring together
aēneus of bronze
(nos) diductos... cogit iugo aeneo
flāvus yellow, fair-haired, blonde
excutere shake off, throw out
20 **patēre** stand open
sīdus, n. star
levis light, unreliable, fickle
cortex, m. cork
improbus unprincipled, relentless
īrācundus hot-tempered
Hadria, m. the Adriatic Sea
vīvere live
obīre meet, *here* = meet one's end, die
libēns gladly

3
incertus not fixed, *here* = disarranged
crīnis, m. hair
doctus + infinitive clever at
docta crines incertos colligere et in ordine ponere
ancillās inter = inter ancillās
habēre have, *here* = consider, reckon
Napē, f. Nape (slave of Ovid's girl-friend Corinna)
ministerium, n. service, task
fūrtīvus stealthy, secret
cognita... ūtilis... in + Form E (ablative) found useful in
ingeniōsus + Form C (dative) clever at, skilled in
nota, f. mark, *here* = sign, letter

69

VII.3

saepe venire ad me dubitantem hortata Corinnam, 5
   saepe laboranti fida reperta mihi,
accipe et ad dominam peraratas mane tabellas
   perfer et obstantes sedula pelle moras.
nec silicum venae nec durum in pectore ferrum
   nec tibi simplicitas ordine maior adest; 10
credibile est et te sensisse Cupidinis arcus:
   in me militiae signa tuere tuae.
si quaeret quid agam, spe noctis vivere dices;
   cetera fert blanda cera notata manu.
dum loquor, hora fugit: vacuae bene redde tabellas, 15
   verum continuo fac tamen illa legat.
aspicias oculos mando frontemque legentis:
   et tacito vultu scire futura licet.
nec mora, perlectis rescribat multa iubeto:
   odi, cum late splendida cera vacat. 20
comprimat ordinibus versus, oculosque moretur

5 **Corinna, f.** Corinna (Ovid's girl-friend)
saepe hortata Corinnam dubitantem ad me venire
labōrāre exert oneself, *here* = be in difficulties, be anxious
fīdus + Form C (dative) loyal to
reperīre find, discover
saepe reperta fida mihi laboranti
perarāre plough, *here* = scratch, write
tabella, f. writing-tablet
perferre take, deliver
sēdulus careful, unremitting
pellere drive away, banish
sedula pelle obstantes moras apply yourself to banishing obstructive delay
Nape, . . . , accipe (tabellas) et . . . perfer tabellas . . . ad dominam et . . .
    pelle moras
silex, m. flint
vēna, f. vein
nec (sunt tibi) venae silicum
pectus, n. breast
10 **simplicitās, f.** simplicity, innocence
ōrdō, m. rank, class
Cupīdō, m. Cupid, Desire
arcus, m. bow
Cupidinis arcūs
in mē *here* = by helping me
mīlitia, f. military service, soldiers
signum, n. sign, standard
tuēre (imperātive): tuērī watch, protect
sī quaeret quid agam if she asks how I am
vīvere live
cēra, f. wax, wax-tablet
cera, notata manū (meā) blandā, cetera fert
(Corinnae) vacuae
15 **bene** well, *here* = opportunely, at the right moment
continuō straight afterwards, immediately
vērum . . . tamen but even then, but still better
fac . . . (ut) illa continuo legat
aspicere notice, observe
mandāre + subjunctive I order (you) to
frōns, f. forehead, brow
(Corinnae) legentis
et (e) tacito vultu even from a wordless expression
licet it is permitted, one may
nec mora (sit)
iubētō (imperative): iubēre, *here* + subjunctive order (her) to
perlectis (tabellis), iubeto rescribat multa
20 **lātē** widely, over a large area
vacāre be empty
comprimere compress, squeeze in
ordō, m. line, row
(cera) comprimat . . . versūs
morārī delay, hesitate, *here* = make to delay, make linger

71

margine in extremo littera rasa meos.
quid digitos opus est graphio lassare tenendo?
   hoc habeat scriptum tota tabella 'veni.'
non ego victrices lauro redimire tabellas   25
   nec Veneris media ponere in aede morer.
subscribam VENERI FIDAS SIBI NASO MINISTRAS
   DEDICAT. AT NVPER VILE FVISTIS ACER.

Ovid, *Amores* I.11

4

flete meos casus: tristes rediere tabellae;
   infelix hodie littera posse negat.
omina sunt aliquid: modo cum discedere vellet,
   ad limen digitos restitit icta Nape.
missa foras iterum limen transire memento   5
   cautius atque alte sobria ferre pedem.
ite hinc, difficiles, funebria ligna, tabellae,
   tuque, negaturis cera referta notis,
quam, puto, de longae collectam flore cicutae

rādere scrape, scratch
littera, in extremo margine rasa, moretur oculos meos
quid . . . opus est? what need is there?
graphium, n. stylus, pen
lassāre tire out, weary
quid opus est lassare digitos tenendo graphio?
hoc (verbum) . . . scriptum
25 **victrīx** victorious
laurus, f. laurel, bay (used as a sign of victory)
redimīre encircle, crown
aedēs, f. temple (where objects were dedicated in thanksgiving to the deity)
non ego morer (si veniat Corinna) . . . tabellas redimire, nec ponere
(tabellas) . . . in aede Veneris
subscrībere write underneath
Nāso, m. Ovid, Publius Ovidius Naso
ministra, f. female servant
Naso dedicat Veneri ministras (= tabellas) sibi fidas
vīlis cheap, worthless
acer, n. maple-wood

4
flēre weep, weep for
cāsūs: cāsus, m. luck, misfortune
rediēre = rediērunt
tabella, f. writing-tablet
littera, f. letter
negāre deny; say . . . not
infelix littera negat (Corinnam) posse hodie (venire)
modo just now, just recently
discēdere vellet i.e. discessūra esset
digitus, m. finger, *here* = toe
ictus *here* = having struck, having stubbed
Nape restitit, icta digitos ad limen
5 **forās** to the outside, outside
missa forās iterum in future when you're sent out on an errand, *lit.* having
 been sent out again
mementō (imperative): meminisse remember
sobrius sober
memento limen transire cautius atque . . . alte ferre pedem
difficilis difficult, *here* = troublesome
fūnebris funereal, deathly
lignum, n. wood, firewood
ite hinc, difficiles tabellae, funebria ligna
cēra, f. wax, wax-tablet
refercīre stuff, cram
nota, f. mark, letter
cera referta notis negaturis
cicūta, f. hemlock
collectam de flore longae cicutae

73

melle sub infami Corsica misit apis.   10

his ego commisi nostros insanus amores
    molliaque ad dominam verba ferenda dedi?
aptius hae capiant vadimonia garrula cerae,
    quas aliquis duro cognitor ore legat;
inter ephemeridas melius tabulasque iacerent,   15
    in quibus absumptas fleret avarus opes.
ergo ego vos rebus duplices pro nomine sensi:
    auspicii numerus non erat ipse boni.
quid precer iratus, nisi vos cariosa senectus
    rodat, et immundo cera sit alba situ?   20

Ovid, *Amores* I.12.1–10, 21–30

5

quaero diu totam, Safroni Rufe, per urbem,
    si qua puella neget: nulla puella negat.
tamquam fas non sit, tamquam sit turpe negare,
    tamquam non liceat: nulla puella negat.
casta igitur nulla est? sunt castae mille. quid ergo   5
    casta facit? non dat, non tamen illa negat.

Martial, *Epigrams* IV.71

10 **mel, n.** honey
ïnfāmis notorious (Corsican honey being very bitter)
Corsicus Corsican
apis, f. bee
cera . . . quam . . . misit Corsica apis
his (tabellis) . . . commisi nostros . . . amores molliaque verba dedi ferenda
ad dominam?
aptius more appropriately
capere take, *here* = bear, contain
vadimōnium, n. legal security, bail-document
garrulus talkative, wordy
cognitor, m. legal representative, lawyer
dūrō . . . ōre with harsh delivery, in severe tones
cerae, quas . . . cognitor . . . legat
15 **ephēmeridas, Greek Form B (accusative) plural: ephēmeris, f.** account-
book, ledger
tabula, f. writing-tablet
melius . . . iacērent would be better lying
absūmere use up, spend, squander
avārus, m. miser
ergō and so
rēbus in reality, actually
duplex folded double, two-faced
prō nōmine as your name suggests
sentīre perceive, experience, observe
numerus . . . ipse your very number, i.e. two
auspiciī . . . bonī of good omen, lucky
quid precer . . . ? what should I pray for . . . ?
nisi (ut)
cariōsus decayed, rotten
senectūs, f. old age, senility
20 **rōdere** gnaw
immundus dirty, foul
albus white
situs, m. decay, mould
et (ut) cera sit alba immundo situ

5
quaero diū I've been investigating for ages, *lit.* I am inquiring (and have
been) for a long time
per totam urbem
sī qua if any, whether any
negāre deny, say no
tamquam (sī) as if
fās, n. right
turpis shameful, immoral
licēre be permitted
5 **castus** chaste, virgin
ergō so
dare give, *here* = grant her favours, say yes

VIII

1

salve, nec minimo puella naso
nec bello pede nec nigris ocellis
nec longis digitis nec ore sicco
nec sane nimis elegante lingua,
decoctoris amica Formiani.   5
ten provincia narrat esse bellam?
tecum Lesbia nostra comparatur?
o saeclum insapiens et infacetum!

Catullus, *Poems* 43

2

ibam forte via Sacra, sicut meus est mos,
nescio quid meditans nugarum, totus in illis.
accurrit quidam notus mihi nomine tantum,
arreptaque manu 'quid agis, dulcissime rerum?'
'suaviter, ut nunc est,' inquam, 'et cupio omnia quae vis.' 5
cum adsectaretur, 'num quid vis?' occupo. at ille
'noris nos' inquit; 'docti sumus.' hic ego 'pluris
hoc' inquam 'mihi eris.' misere discedere quaerens,
ire modo ocius, interdum consistere, in aurem
dicere nescio quid puero, cum sudor ad imos   10
manaret talos. 'o te, Bolane, cerebri

1

salvē hello, how are you?
nāsus, m. nose
puella nec minimo naso . . . girl with a far from tiny nose . . .
bellus pretty
niger black, dark
ocellus, m. eye
siccus dry
nec sānē nimis and certainly not very
ēlegante = **ēlegantī, Form E (ablative): ēlegāns** correct, refined
5 **dēcoctor, m.** a bankrupt, insolvent debtor
Formiānus from Formiae — modern Formia (coastal town about 140 km south of Rome)
tēn . . . ? = **tē-ne** . . . ?
prōvincia, f. province, *here* = Cisalpine Gaul (Catullus' birthplace)
saeclum = **saeculum, n.** generation, times, age
īnsapiēns = **īnsipiēns** unwise, stupid
īnfacētus boorish, insensitive, tasteless

2

viā Sacrā along the Sacred Way
meditārī think about, think out
nūgae, f. pl. worthless stuff, trifles, frivolities
nescio quid . . . **nūgārum** something or other of no importance
tōtus in illīs totally absorbed in this, *lit.* wholly in those things
arripere grasp, grab
quid agis . . . ? how are you?
dulcissime rērum dear old thing, *lit.* sweetest of things
5 **suāviter, ut nunc est** nicely for the moment, *lit.* pleasantly as it is now
cupiō omnia quae vīs hope all goes well, all the best, *lit.* I wish everything which you want
adsectārī follow closely, go along with
quid *here* = anything
occupāre seize, *here* = get in first
nōrīs = **nōverīs: nōvisse** know, be acquainted with
nōrīs nōs you should get to know me
doctus learned, well-educated
hīc here, at this point
plūris hōc . . . **mihi eris** I shall value you the more for this, *lit.* you will be by this much of more value to me
miserē wretchedly, desperately
ōcius more quickly, quickly
modo . . . **interdum** now . . . now, *lit.* now . . . sometimes
10 **puer, m.** boy, *here* = slave
puero dicere nescio quid in aurem
sūdor, m. sweat, perspiration
mānāre flow, run
tālus, m. ankle, heel
Bōlānus, m. Bolanus (an impulsive man who would have taken more abrupt action than Horace)
cerebrum, n. brain, *here* = anger, temper

felicem!' aiebam tacitus, cum quidlibet ille
garriret, vicos, urbem laudaret. ut illi
nil respondebam, 'misere cupis' inquit 'abire;
iamdudum video: sed nil agis; usque tenebo;   15
persequar hinc quo nunc iter est tibi.' 'nil opus est te
circumagi: quendam volo visere non tibi notum:
trans Tiberim longe cubat is, prope Caesaris hortos.'
'nil habeo quod agam et non sum piger: usque sequar te.'
demitto auriculas, ut iniquae mentis asellus,   20
cum gravius dorso subiit onus.

Horace, *Satires* I.9.1–21

3

est quaedam (quicumque volet cognoscere lenam,
   audiat), est quaedam nomine Dipsas anus.
ex re nomen habet: nigri non illa parentem
   Memnonis in roseis sobria vidit equis.
illa magas artes Aeaeaque carmina novit,   5
   inque caput liquidas arte recurvat aquas;

78

fēlīx happy, lucky
ō tē . . . cerebrī fēlīcem! you lucky man to have such a temper! *lit.* how
    fortunate for anger you are
ait he says
tacitus quiet
quidlibet anything at all, *here* = indiscriminately, whatever came into his
    head
garrīre chatter
vīcus, m. street
ut *here* = as, since
15 **iamdūdum** for a long time
nīl agis you're not getting anywhere, it's no good, *lit.* you achieve nothing
usque continually, without stopping
opus esse + Form B (accusative) and infinitive be necessary that . . . , be a
    need for . . . to . . .
circumagere take round, *here* = take out of one's way
vīsere go and see, visit
Tiberim, Form B (accusative): Tiberis, m. River Tiber
cubāre lie down, *here* = be ill in bed
20 **auricula, f.** ear
inīquus uneven, discontented, resentful
asellus, m. ass, donkey
dorsum, n. back
gravius dorsō too heavy for its back
subīre go under, support, submit to
onus, n. burden, load

3
quīcumque whoever
lēna, f. procuress, go-between
audiat listen!
Dipsas, f. Dipsas (Greek for 'parched', 'thirsty')
anus, f. old woman
est quaedam anus nomine Dipsas
ex rē from reality, from the facts
niger black, dark
nōn *here* = never
Memnōn, m. Memnon (Ethiopian son of Dawn)
roseus rose-coloured
sobrius sober
illa non sobria vidit . . . parentem nigri Memnonis
5 **magus** magic
Aeaeus Aeaean, from Aeaea (home of the witch Circe)
carmen, n. song, spell
nōvisse know
caput, n. head, source
liquidus fluid, clear
recurvāre turn back, bend backwards

79

scit bene quid gramen, quid torto concita rhombo
 licia, quid valeat virus amantis equae.
cum voluit, toto glomerantur nubila caelo;
 cum voluit, puro fulget in orbe dies.   10
sanguine, si qua fides, stillantia sidera vidi;
 purpureus Lunae sanguine vultus erat.
hanc ego nocturnas versam volitare per umbras
 suspicor et pluma corpus anile tegi;
suspicor, et fama est; oculis quoque pupula duplex   15
 fulminat et gemino lumen ab orbe venit.
evocat antiquis proavos atavosque sepulcris
 et solidam longo carmine findit humum.

Ovid, *Amores* I.8.1–18

4

mentiris iuvenem tinctis, Laetine, capillis,
 tam subito corvus, qui modo cycnus eras.

grāmen, n. grass, herb
scit bene quid gramen (valeat)
torquēre twist, whirl
conciēre set in motion
rhombus, m. magic wheel
līcium, n. thread
quid licia, concita torto rhombo, (valeant)
valēre be strong, have power
vīrus, n. slime, mucous secretion, discharge
amāns loving, *here* = on heat
cum voluit whenever she wants
glomerāre collect, mass together
nūbilum, n. cloud
(in) toto . . . caelo
10 **pūrus** clear, unclouded
fulgēre shine, gleam
orbis, m. circle, sphere, *here* = heaven, sky
sanguis, m. blood
sī qua if any
si qua fides (est tibi)
stillāre drip
sīdus, n. star
vidi sidera stillantia . . . sanguine
purpureus purple, red
vultus Lunae erat purpureus sanguine
vertere transform, change shape
volitāre fly about, flutter around
suspicor . . . hanc . . . volitare
plūma, f. feather
anīlis of an old woman
tegere cover, conceal
(suspicor) anile corpus (suum) tegi plumā
15 **fāma, f.** story, rumour, reputation
(in) oculis
pūpula, f. pupil
duplex double
fulmināre flash like lightning
geminus twin
lūmen, n. light
ēvocāre call forth, summon
proavus, m. great-grandfather
atavus, m. great-great-great-grandfather
(ex) antiquis . . . sepulcris
findere split

4
mentīrī lie, *here* = pretend to be
tingere dye
corvus, m. raven
modo just now, just recently
cycnus, m. swan

non omnes fallis; scit te Proserpina canum:
personam capiti detrahet illa tuo.

Martial, *Epigrams* III.43

5

aspicis ut parvus nec adhuc trieteride plena
    Regulus auditum laudet et ipse patrem?
maternosque sinus viso genitore relinquat
    et patrias laudes sentiat esse suas?
iam clamor centumque viri densumque corona   5
    vulgus et infanti Iulia tecta placent.
acris equi suboles magno sic pulvere gaudet,
    sic vitulus molli proelia fronte cupit.
di, servate, precor, matri sua vota patrique,
    audiat ut natum Regulus, illa duos.   10

Martial, *Epigrams* VI.38

6

omnes aut vetulas habes amicas
aut turpes vetulisque foediores.
has ducis comites trahisque tecum
per convivia, porticus, theatra.
sic formosa, Fabulla, sic puella es.   5

Martial, *Epigrams* VIII.79

fallere deceive
Prōserpina, f. Proserpine (queen of the Underworld)
cānus white, white-haired
Proserpina scit te (esse) canum
persōna, f. mask
dētrahere + Form C (dative) pull off from
illa detrahet personam capiti tuo

5
aspicere notice, see
ut *here* = how
trietēride plēnā three years old, *lit.* with a three-year period complete
Rēgulus, m. Regulus (son of the lawyer Regulus attacked by Pliny)
laudet et ipse himself joins in the praise of, *lit.* himself too praises
sinus, m. curve, lap
genitor, m. father
patrius of his father, his father's
laus, f. praise, reputation
sentīre feel, consider
aspicis ut . . . Regulus patrem . . . laudet, maternosque sinus . . . relinquat
et . . . sentiat . . . ?
5 **centum . . . virī, m. pl.** the Centumviral Court, *lit.* the hundred men
dēnsum . . . corōnā vulgus close-packed circle of listeners, *lit.* the crowd
thick in their ring
Iūlia tēcta, n. pl. the Basilica Julia, *lit.* the Julian building
iam infanti placent clamor centumque viri densumque . . . vulgus et Iulia
tecta
ācer alert, eager, lively
subolēs, f. offspring, *here* = foal
pulvis, m. dust, *here* = dust of action, the race-track
vitulus, m. calf
proelium, n. battle, fight
frōns, f. forehead, brow
servāre preserve, pay attention to, *here* = fulfil
precārī pray
vōtum, n. wish, prayer
servate . . . vota sua matri patrique
10 **audīre** hear, *here* = hear speaking in public
ut Regulus (pater) audiat natum, (et) illa (mater audiat) duos (Regulos)

6
vetulus old
omnes amicas habes . . . vetulas all your friends are old women, *lit.* you
have as all your friends old women
turpis ugly, nasty
foedus repulsive, hideous
comes, m.f. companion
convīvium, n. party
porticus, f. portico, colonnade
5 **formōsus** beautiful

83

1

phaselus ille, quem videtis, hospites,
ait fuisse navium celerrimus,
neque ullius natantis impetum trabis
nequisse praeterire, sive palmulis
opus foret volare sive linteo.   5
et hoc negat minacis Hadriatici
negare litus insulasve Cycladas
Rhodumque nobilem horridamque Thraciam
Propontida trucemve Ponticum sinum,
ubi iste post phaselus antea fuit   10
comata silva; nam Cytorio in iugo
loquente saepe sibilum edidit coma.
Amastri Pontica et Cytore buxifer,
tibi haec fuisse et esse cognitissima
ait phaselus: ultima ex origine   15
tuo stetisse dicit in cacumine,
tuo imbuisse palmulas in aequore,
et inde tot per impotentia freta

1
phasēlus, m. cutter, express passenger-boat (variously sized, probably single-masted)
ait says
celer fast, quick
ūllius, Form D (genitive) singular: ūllus any
impetus, m. onset, pace, speed
natāns . . . trabs, f. ship afloat, *lit.* swimming beam
nequisse = nequivisse
neque . . . nequire and to be able, *lit.* nor to be unable
praeterīre go past, overtake
neque nequisse praeterire impetum ullius natantis trabis
sīve . . . sīve whether . . . or
palmula, f. palm of the hand, *here* = oar-blade, oar
5 opus esse be necessary
volāre fly, speed along
linteum, n. linen, *here* = sails
negāre deny, say . . . not
mināx threatening, menacing
Hadriāticum, n. Adriatic Sea
negat . . . negāre says that . . . does not dispute, *lit.* denies that . . . denies
lītus, n. shore
et (phaselus) negat litus minacis Hadriatici hoc negare
. . . -ve or . . .
īnsulās . . . Cycladas Cyclades islands (in Aegean Sea, centred on Delos)
Rhodus, f. Rhodes (large island off south-west tip of Asia Minor)
horridus rough, wild
Propontida, Greek Form B (accusative): Propontis, f. Propontis
Thrācia Propontis, f. Thracian Propontis (modern Sea of Marmara)
trux wild, fierce
Ponticus sinus, m. Pontic Gulf, Black Sea
10 iste post phasēlus that boat to be
comātus long-haired, leafy
silva, f. wood
iugum, n. yoke, *here* = ridge
Cytōriō in iugō on the ridge of Cytorus (town on Black Sea, south coast)
sībilus, m. hissing
ēdere emit, give out
coma, f. hair, foliage, leaves
loquente comā
Amastri (vocative): Amastris, f. Amastris (town on Black Sea, south coast)
buxifer producing boxwood
tibi i.e. vōbis
phaselus ait haec fuisse et esse cognitissima tibi
15 ultimā ex orīgine from earliest beginnings
cacūmen, n. peak
imbuere wet, dip, *here* = dip for the first time
aequor, n. sea
impotēns powerless, lacking self-control, violent
frētum, n. straits, sea

erum tulisse, laeva sive dextera
vocaret aura, sive utrumque Iuppiter   20
simul secundus incidisset in pedem;
neque ulla vota litoralibus deis
sibi esse facta, cum veniret a mari
novissimo hunc ad usque limpidum lacum.
sed haec prius fuere: nunc recondita   25
senet quiete seque dedicat tibi,
gemelle Castor et gemelle Castoris.

Catullus, *Poems* 4

2

egressum magna me accepit Aricia Roma
hospitio modico: rhetor comes Heliodorus,
Graecorum longe doctissimus; inde Forum Appi,
differtum nautis, cauponibus atque malignis.
hoc iter ignavi divisimus, altius ac nos   5
praecinctis unum: minus est gravis Appia tardis.
hic ego propter aquam, quod erat deterrima, ventri
indico bellum, cenantes haud animo aequo
exspectans comites. iam nox inducere terris

erus, m. master
(phaselus) dicit (se) stetisse . . . imbuisse . . . tulisse
laevus on the left, on the port beam
20 aura, f. breeze, wind
(sive) laeva sive dextera . . . aura, sive . . .
Iuppiter, m. Jupiter, god of weather, *here* = wind
secundus favourable, following
utrumque . . . in pedem on each of the sheets (ropes controlling lower
    corners of square sail)
neque ūlla (dīcit) and it denies that any, and it states that no
vōtum, n. wish, vow
lītorālis deus, m. god of the shore, sea-god with temple on the shore
sibi *here* = by her (the boat)
novissimus last to be reached
ad usque + Form B (accusative) all the way to, right on to
limpidus clear
25 fuēre = fuērunt
reconditus remote, out of the way
senēre be old
gemellus twin
Castor et gemellus Castoris Castor and Castor's twin, Castor and Pollux
    (protectors of sailors)

2
Arīcia, f. Aricia (modern Ariccia, town 24 km south-east of Rome)
Aricia accepit me, egressum magnā Romā
hospitium, n. hospitality, guesthouse, inn
Hēliodōrus, m. Heliodorus, *perhaps here* = Apollodorus, famous scholar
doctus learned, scholarly
Forum Appī, n. Forum Appi (about 40 km south-east of Aricia)
inde Forum Appi (advenimus)
differtus + Form E (ablative) stuffed full of, full up with
caupō, m. shopkeeper, innkeeper
malignus mean, spiteful
atque cauponibus malignis
5 ignāvus lazy, faint-hearted
dīvidere divide, *here* = take in two stages
altius . . . praecinctis for faster travellers, *lit.* for those with tunics hitched
    higher
ac *here* = than
unum (iter) a single stage
minus less
Appia (via), f. the Appian Way (from Rome to Brundisium — modern
    Brindisi)
tardus slow
dēterrimus terrible
venter, m. belly, stomach
indīcere bellum + Form C (dative) declare war on
haud animo aequo exspectans comites cenantes
indūcere + Form C (dative) bring to, bring upon

umbras et caelo diffundere signa parabat.   10
tum pueri nautis, pueris convicia nautae
ingerere. 'huc appelle!' 'trecentos inseris: ohe
iam satis est!' dum aes exigitur, dum mula ligatur,
tota abit hora. mali culices ranaeque palustres
avertunt somnos, absentem ut cantat amicam   15
multa prolutus vappa nauta atque viator
certatim: tandem fessus dormire viator
incipit, ac missae pastum retinacula mulae
nauta piger saxo religat stertitque supinus.
iamque dies aderat, nil cum procedere lintrem   20
sentimus, donec cerebrosus prosilit unus
ac mulae nautaeque caput lumbosque saligno
fuste dolat. quarta vix demum exponimur hora.
ora manusque tua lavimus, Feronia, lympha.

10 caelō diffundere spread over the sky
signum, n. sign, *here* = constellation
nox . . . parabat . . . inducere . . . et . . . diffundere
puer, m. boy, *here* = slave
pueri (convicia ingerere) nautis
convīcium, n. insult, abuse
ingerere heap on, pour on
appellere bring to (shore), put in
trecentī three hundred
īnserere insert, put aboard
ōhē stop!
aes, n. bronze, cash
exigere force out, exact, collect
mūla, f. she-mule, mule
ligāre fasten, tie up, harness
culex, m. gnat, midge
rāna, f. frog
palūster from the marshes
15 somnus, m. sleep
ut *here* = as, while
cantāre + Form B (accusative) sing about
prōlūtus sozzled, pickled, *lit.* washed out
vappa, f. vinegary, over-fermented wine
ut nauta, multā vappā prolutus, cantat absentem amicam
viātor, m. traveller, passenger
certātim in competition
incipere begin
mittere pāstum let loose to graze
retināculum, n. tether, rope
religāre + Form E (ablative) fasten to, tie up to
nauta piger religat saxo retinacula mulae, missae pastum
stertere snore
supīnus lying on his back
20 linter, f. boat
cum sentimus lintrem nil procedere
dōnec until
prōsilīre jump up, leap out
cerebrōsus . . . ūnus a hot-headed individual
lumbus, m. bottom, rump
salignus willow-wood, willow
fūstis, m. stick, club
dolāre beat, batter
vix with difficulty
quartā . . . dēmum . . . hōrā at the fourth hour and not before, only at the
    fourth hour
Fērōnia, f. Feronia (an Italian goddess)
lympha, f. water
tuā . . . lymphā

milia tum pransi tria repimus atque subimus   25
impositum saxis late candentibus Anxur.
huc venturus erat Maecenas optimus atque
Cocceius, missi magnis de rebus uterque
legati, aversos soliti componere amicos.
hic oculis ego nigra meis collyria lippus   30
illinere. interea Maecenas advenit atque
Cocceius Capitoque simul Fonteius, ad unguem
factus homo, Antoni non ut magis alter amicus.
Horace, *Satires* I.5.1–33

3
Aemiliae gentes et Apollineas Vercellas
   et Phaethontei qui petis arva Padi,
ne vivam, nisi te, Domiti, dimitto libenter,
   grata licet sine te sit mihi nulla dies:
sed desiderium tanti est ut messe vel una   5

25 **mille (passūs)** a Roman mile (about 1.5 km), *lit.* a thousand paces
prānsus after breakfasting
rēpere crawl
subīre + Form B (accusative) come up to, approach slowly
lātē widely, far and wide
candēre shine, gleam
Anxur, n. Anxur (the old name for Tarracina (modern Terracina), on the
coast about 30 km south-east of Forum Appi)
subimus Anxur, impositum saxis late candentibus
Maecēnās, m. Gaius Maecenas (friend and diplomatic agent of Octavian
(Augustus), patron of Horace)
Coccēius, m. Lucius Cocceius Nerva (diplomat, probably neutral between
Octavian and Antony, great-grandfather of Emperor Nerva)
missī . . . uterque each of them sent
āversōs . . . amīcōs estranged friends (i.e. Antony and Octavian)
soliti componere aversos amicos
30 **niger** black, dark
collȳrium, n. salve, ointment
lippus having watery or inflamed eyes
illinere smear
hīc ego lippus illinere nigra collyria meis oculis
Capitō . . . Fontēius, m. Gaius Fonteius Capito (one of Antony's
diplomats)
ad unguem factus homō a polished gentleman, *lit.* a man made to the
fingernail
Antōnius, m. Marcus Antonius (Mark Antony, Octavian's rival)
Antoni (sic) amicus ut non magis alter (amicus sit) the closest possible
friend of Antony, *lit.* such a friend of Antony that no other could be
more friendly

3
(via) Aemilia, f. Aemilian Way (road from Ariminum (modern Rimini)
north-west to Placentia (modern Piacenza) in north central Italy)
Apollineus of Apollo, sacred to Apollo
Vercellae, f. pl. Vercellae (modern Vercelli, about 70 km west of
Mediolanum, modern Milan)
Phaethontēus associated with Phaethon (who was blasted into the River
Po from his joyride in the Sun's chariot)
arvum, n. field
Padus, m. Padus (the modern River Po)
nē vīvam nisi blow me if I don't! *lit.* may I die if I don't
*dimitto libenter te . . . qui petis gentes Aemiliae (viae) et . . . Vercellas et
. . . .arva Padi*
grātus pleasing, welcome
licet *here* = although
licet sine te nulla dies sit mihi grata
5 **dēsīderium, n.** need, sense of loss
tantī est is worthwhile, is worth enduring
messis, f. harvest
vel *here* = at least, at any rate

urbano releves colla perusta iugo.
i precor et totos avida cute combibe soles —
   o quam formosus, dum peregrinus eris!
et venies albis non agnoscendus amicis
   livebitque tuis pallida turba genis.   10
sed via quem dederit rapiet cito Roma colorem,
   Niliaco redeas tu licet ore niger.

Martial, *Epigrams* X.12

4

ad primum decima lapidem quod venimus hora,
   arguimur lentae crimine pigritiae.
non est ista quidem, non est mea, sed tua culpa est
   misisti mulas qui mihi, Paete, tuas.

Martial, *Epigrams* XI.79

X

1

parcus deorum cultor et infrequens
insanientis dum sapientiae
   consultus erro, nunc retrorsum
      vela dare atque iterare cursus

cogor relictos: namque Diespiter,   5
igni corusco nubila dividens
   plerumque, per purum tonantes

relevāre raise, ease, take off the pressure from
collum, n. neck
perūrere burn, inflame, rub sore
iugum, n. yoke
precārī pray, beg
avidus greedy
cutis, f. skin
combibere drink up, soak in
fōrmōsus beautiful, handsome
peregrīnus abroad
albus white
10 **līvēre + Form C (dative)** be envious of
gena, f. cheek
cito quickly
Roma cito rapiet colorem quem via dederit
Nīliacus of the Nile, Egyptian
niger black, dark
niger Nīliacō ōre with a dark Egyptian face, *lit.* dark with Nilotic face
licet tu redeas niger Niliaco ore

4
lapis, m. stone, *here* = milestone
decimā . . . horā
arguere + Form E (ablative) accuse of, charge with
crīmen, n. charge, accusation
pigritia, f. sloth, indolence, dawdling
non est ista quidem (culpa) mea
culpa, f. blame, fault
mūla, f. she-mule, mule
qui mihi misisti mulas . . . tuas

1
parcus mean, niggardly, sparing
cultor, m. cultivator, *here* = worshipper
īnsāniēns sapientia, f. crazy philosophy, raving wisdom (i.e. Epicureanism)
cōnsultus + Form D (genitive) expert in, learned in
(quamquam eram) parcus et infrequens deorum cultor, dum erro consultus
sapientiae insanientis, . . .
retrōrsum back, backwards
vēla dare sail
iterāre repeat
cursus, m. course
nunc cogor vela retrorsum dare atque cursūs relictos iterare
5 **namque** for, because
Diēspiter, m. Jupiter
ignis, m. fire
coruscus flickering, flashing
nūbilum, n. cloud
plērumque mostly, usually, very frequently
pūrum, n. clear sky
tonāre thunder

93

egit equos volucremque currum,

quo bruta tellus et vaga flumina,
quo Styx et invisi horrida Taenari   10
    sedes Atlanteusque finis
        concutitur. valet ima summis

mutare et insignem attenuat deus,
obscura promens; hinc apicem rapax
    fortuna cum stridore acuto   15
        sustulit, hic posuisse gaudet.

Horace, *Odes* I.34

2

Faune, Nympharum fugientum amator,
per meos fines et aprica rura
lenis incedas abeasque parvis
    aequus alumnis,
si tener pleno cadit haedus anno,   5
larga nec desunt Veneris sodali

namque Diespiter . . . per purum . . . egit equos
volucer winged, swift
currus, m. chariot
quō for which reason, as a result of which
brūtus heavy, inert, dull
tellūs, f. earth, land
vagus roaming, wandering
10 **Styx, f.** Styx (Underworld river)
invīsus hateful
horridus rough, grim, dreadful
Taenarum, n. Taenarum (modern Cape Matapan, Greek promontory
   believed to be entrance to Underworld)
sēdēs, f. seat, *here* = site, foundation
Atlantēus . . . finis, m. the Atlas mountains (opposite the Rock of
   Gibraltar), *lit.* the land of Atlas
concutere shake
quo . . . tellus et . . . flumina, quo Styx et . . . Taenari sedes Atlanteusque
   finis concutitur
valēre + infinitive have strength to, have the power to
(deus) valet
ima summīs mūtāre to reverse lowest and highest, *lit.* to exchange lowest
   with highest
insignis conspicuous, famous, outstanding
attenuāre reduce, diminish, bring down
prōmere bring forward, bring to prominence
hinc from here, *here* = from this man
apex, m. mitre, crown
rapāx grasping, rapacious
15 **stridor, m.** whizzing, screeching
acūtus sharp, high-pitched, shrill
hīc here, *here* = on this man
(fortuna) gaudet (apicem) posuisse hic

2
Faunus, m. Faunus (a god of the countryside)
Nympha, f. nymph (young and beautiful nature-goddess)
amātor, m. lover
finēs, m. pl. land, territory
apricus sunny
rūs, n. countryside
lēnis gentle
incēdere walk, advance
aequus + Form C (dative) even, kindly, sympathetic
alumnus, m. nursling, young animal
5 **tener** delicate, young
haedus, m. kid, young goat
plēnō . . . annō at the year's completion, *lit.* the year being full
largus generous, unstinted
dēesse + Form C (dative) be absent from
sodālis, m.f. companion, friend

95

vina craterae, vetus ara multo
   fumat odore.
ludit herboso pecus omne campo,
cum tibi Nonae redeunt Decembres;   10
festus in pratis vacat otioso
   cum bove pagus;
inter audaces lupus errat agnos;
spargit agrestes tibi silva frondes;
gaudet invisam pepulisse fossor   15
   ter pede terram.

Horace, *Odes* III.18

3

Termine, sive lapis sive es defossus in agro
   stipes, ab antiquis tu quoque numen habes.
te duo diversa domini de parte coronant
   binaque serta tibi binaque liba ferunt.
ara fit: huc ignem curto fert rustica testu   5

crātēra, f. mixing-bowl (for wine and water)
nec larga vina desunt craterae, sodali Veneris
āra, f. altar
fūmāre smoke
vetus ara . . . fumat
lūdere play
herbōsus grass-covered
pecus, n. herd, flock
campus, m. field, land
(in) herboso campo
10 **Nōnae . . . Decembrēs, f. pl.** the Nones (5th) of December
fēstus on holiday
prātum, n. meadow
vacāre be empty, be off work, relax
bōs, m. ox, bull
pāgus, m. village, countryfolk
festus pagus vacat in pratis cum bove otioso
lupus, m. wolf
agnus, m. lamb
spargere scatter, throw down
agrestis rustic, characteristic of the countryside
silva, f. wood
frōns, f. leaf
15 **invīsus** hateful
pellere beat, pound
fossor, m. digger, labourer
ter three times
fossor gaudet pepulisse terram invisam ter pede

3
Terminus, m. Terminus (god of boundaries)
sīve . . . sīve whether . . . or
lapis, m. stone
sive lapis (es)
dēfodere bury, fix in the ground
stīpes, m. post
ab antīquīs from ancient times
nūmen, n. divinity, supernatural power
dominus, m. master, *here* = land-owner
dīversā . . . dē parte from opposite sides
corōnāre crown, wreathe
bīnī two, a pair
serta, n. pl. garlands of flowers, wreaths
lībum, n. sacrificial cake
5 **āra, f.** altar
ignis, m. fire
curtus damaged, broken
rūsticus rural, rustic, from the country
testū, n. earthenware pot

sumptum de tepidis ipsa colona focis.
ligna senex minuit confissaque construit arte
    et solida ramos figere pugnat humo;
tum sicco primas irritat cortice flammas;
    stat puer et manibus lata canistra tenet;   10
inde, ubi ter fruges medios immisit in ignes,
    porrigit incisos filia parva favos.
vina tenent alii: libantur singula flammis;
    spectant, et linguis candida turba favet.
spargitur et caeso communis Terminus agno   15
    nec queritur, lactans cum sibi porca datur.
conveniunt celebrantque dapes vicinia simplex
    et cantant laudes, Termine sancte, tuas.

Ovid, *Fasti* II.641–58

4

Idibus est Annae festum geniale Perennae
    non procul a ripis, advena Thybri, tuis.

sūmere take
colōna, f. farmer's wife
focus, m. hearth
rustica colona ipsa fert . . . ignem, sumptum de . . . focis
lignum, n. wood, firewood, kindling
minuere reduce, *here* = chop up
cōnfindere split
cōnstruere pile up
rāmus, m. branch
fīgere fix in
(in) solida humo
siccus dry
irrītāre provoke, stimulate, kindle
cortex, m. bark
10 **lātus** wide
canistrum, n. food-basket
ter three times
frūgēs, f. pl. corn, grain
(puer) immisit
porrigere reach out, offer
incīdere cut open, cut up
favus, m. honeycomb
lībāre pour a libation of, pour part as an offering
(vina) singula each separate wine
spectant (aliī)
candidus bright, white, *here* = dressed in white
linguīs . . . favet keeps silence, *lit.* supports with their tongues, avoids ill-omened words
15 **spargere** scatter, sprinkle
caedere kill, sacrifice
commūnis joint, shared
agnus, m. lamb
et Terminus communis spargitur caeso agno
querī complain
lactāns unweaned, sucking
porca, f. sow, *here* = piglet
daps, f. feast, sacrificial meal
vīcīnia, f. neighbourhood, *here* = neighbours
simplex simple, honest
laus, f. praise
sānctus holy, sacred, divine

4
Īdibus (Martiīs) on 15th March, *lit.* on the Ides of March
fēstum, n. festival
geniālis lively, joyful
Anna . . . Perenna, f. Anna Perenna (a year-goddess)
rīpa, f. bank
advena, m.f. (adj.) coming from abroad, immigrant
Thybri (vocative): Thybris, m. River Tiber

plebs venit ac virides passim disiecta per herbas
    potat et accumbit cum pare quisque sua;
sub Iove pars durat, pauci tentoria ponunt,   5
    sunt quibus e ramis frondea facta casa est;
pars, ubi pro rigidis calamos statuere columnis,
    desuper extentas imposuere togas.
sole tamen vinoque calent annosque precantur,
    quot sumant cyathos, ad numerumque bibunt;   10
invenies illic qui Nestoris ebibat annos,
    quae sit per calices facta Sibylla suos.
illic et cantant quidquid didicere theatris,
    et iactant faciles ad sua verba manus
et ducunt posito duras cratere choreas,   15
    cultaque diffusis saltat amica comis.

plēbs, f. the ordinary people, the masses
viridis green
passim everywhere
disicere scatter, disperse
herba, f. grass
virides . . . per herbas
pōtāre drink
accumbere recline, lie down, settle down
pār equal, peer, of same age
quisque each
quisque accumbit cum pare sua
5 **sub Iove** in the open air, *lit.* under Jupiter
dūrāre endure, brave it
tentōrium, n. tent
rāmus, m. branch
frondeus leafy, leaf-covered
casa, f. hut, shelter
sunt quibus casa . . . facta est some people build a hut, *lit.* there are those
  by whom a hut is built
prō + Form E (ablative) *here* = in place of
calamus, m. reed
statuēre = **statuērunt: statuere** set up
dēsuper from above
imposuēre = **imposuērunt**
calēre be warm, be flushed
precārī pray, pray for
10 **sūmere** take
cyathus, m. wine-ladle, *here* = cupful
precantur (tot) annos, quot cyathos sumant
ad numerum by numbers
illīc there
(eum) qui
Nestor, m. Nestor (Homeric king of Pylos, supposed to have ruled through
  three generations of men)
ēbibere drink down
(eam invenies) quae
calix, m. cup, wine-cup
Sibylla, f. a Sibyl (a prophetess of great age)
quidquid whatever
didicēre = **didicērunt: discere** learn
iactāre throw, wave, flourish
facilis easy, unrestrained
ad *here* = in time with
15 **dūrus** hard, *here* = clumsy
crātēr, m. wine-mixing bowl
chorēa, f. dance
et, posito cratere, ducunt duras choreas
cultus smart, well-groomed, dressed-up
diffundere spread out
saltāre dance
coma, f. hair

cum redeunt, titubant et sunt spectacula vulgi,
    et fortunatos obvia turba vocat.

Ovid, *Fasti* III.523–40

5

nullos esse deos, inane caelum
affirmat Segius: probatque, quod se
factum, dum negat haec, videt beatum.

Martial, *Epigrams* IV.21

6

campis dives Apollo sic Myrinis,
sic semper senibus fruare cycnis,
doctae sic tibi serviant sorores
nec Delphis tua mentiatur ulli,
sic Palatia te colant amentque: 5
bis senos cito te rogante fasces
det Stellae bonus adnuatque Caesar.
felix tunc ego debitorque voti
casurum tibi rusticas ad aras
ducam cornibus aureis iuvencum.   10
nata est hostia, Phoebe; quid moraris?

Martial, *Epigrams* IX.42

titubāre stagger, totter
vulgus, n. crowd, public
fortūnātus lucky, fortunate, blessed by fortune
obvius in their way, on their route

5
Segius affirmat nullos esse deos, caelum (esse) inane
negāre deny
beātus happy, prosperous
quod videt se . . . factum (esse) beatum

6
campus, m. field, land, plain
Apollō (*here* **Apollo**), **m.** Apollo (god of prophecy, music, the arts, etc.)
sic *here* = on the following condition
Myrīnus of Myrina (town on the coast of Asia Minor with oracle of Apollo nearby)
senex old
fruāre = fruāris: fruī + Form E (ablative) enjoy, take pleasure in
cycnus, m. swan (supposed to sing just before death)
sic campis Myrinis . . . (fruare), sic . . . fruare cycnis
doctae . . . sorōrēs the Muses (goddesses of the arts), *lit.* the learned sisters
Delphis, f. priestess of the Delphic oracle
mentīrī lie, give false prophecy
ūllī, Form C (dative) **singular masculine: ūllus** any, anyone
5 **Palātia** (*here* **Pălātia**), **n. pl.** the imperial palace
bis sēnī twelve, *lit.* twice six
cito quickly, before long
fascēs, m. pl. fasces (bundle of rods, symbol of political power)
Stella, m. Lucius Arruntius Stella (to be consul in A.D. 101)
adnuere agree to, grant, give approval to
Caesar, m. Caesar, Emperor, *here* = Domitian
Caesar . . . fasces det . . . adnuatque
fēlix happy, fortunate
tunc then
vōtum, n. vow, prayer
dēbitor . . . vōtī in your debt for fulfilling my prayer, *lit.* debtor for a vow
āra, f. altar
10 **cornū, n.** horn
iuvencus, m. young ox, bullock
ego . . . tibi . . . iuvencum casurum . . . ad aras ducam
hostia, f. victim, sacrificial animal
Phoebus, m. Apollo
quid *here* = why?

VOCABULARY

A

ā, ab + Form E (ablative) — from, by
abdere — hide: abdit, abdidit, abditus
abeās, abeō — *see* abire
abesse — be away, be absent: abest,
    āfuit, (āfutūrus)
abhorrēre — shrink from, be out of
    character: abhorret, abhorruit
abīre — go away, depart: abit, abiit,
    (abitūrus)
abrumpere — break off, detach:
    abrumpit, abrūpit, abruptus
absēns — absent: absentis
abstulerat, abstulit — *see* auferre
absūmere — take away, consume,
    squander: absūmit, absūmpsit,
    absūmptus
ac — and, than
accēdere — come near, approach:
    accēdit, accessit, (accessūrus)
accidere — happen, befall: accidit,
    accidit
accipere — receive, welcome: accipit,
    accēpit, acceptus
accumbere — recline, settle down:
    accumbit, accubuit, accubitus
accurrere — run up, hurry up:
    accurrit, accurrit
acer, aceris, n. — maple, maple-wood
ācer, ācris, ācre — sharp, fierce, lively
Achillēus, Achillēa, Achillēum —
    Achillean, of Achilles, like
    that of Achilles
acinus, acinī, m. — grape (or other
    berry)
ācris, ācrius — *see* ācer
acūtus, acūta, acūtum — sharp, high-
    pitched, shrill
ad + Form B (accusative) — to,
    towards, at, for
addere — add: addit, addidit, additus

adesse — be present: adest, adfuit,
    (adfutūrus)
adferre — bring along, fetch, serve:
    adfert, attulit, allātus
adflāre — breathe upon, blow upon:
    adflat, adflāvit, adflātus
adhūc — as yet, up to now
adicere — throw towards, attach, add:
    adicit, adiēcit, adiectus
admittere — admit, permit, allow to
    enter: admittit, admīsit,
    admissus
admovēre — move close: admovet,
    admōvit, admōtus
adnuere — grant, allow: adnuit,
    adnuit, adnūtus
ador, adōris, n. — spelt (coarse wheat)
adsectārī — follow closely, go along
    with: adsectātur, adsectātus est
adsiduus, adsidua, adsiduum —
    constant, incessant
adstringere — tie up, compress, knit
    (brows): adstringit, adstrinxit,
    adstrictus
adūrere — scorch, crisp, grill: adūrit,
    adussit, adustus
advena, advenae, m.f. (adj.) — coming
    from abroad, immigrant
advenīre — arrive: advenit, advēnit,
    (adventūrus)
adversus, adversa, adversum —
    opposite, adverse, opposed
Aeaeus, Aeaea, Aeaeum — Aeaean,
    from Aeaea (island home of
    the witch Circe)
aedēs, aedis, f. — temple
Aegyptius, Aegyptia, Aegyptium —
    Egyptian
Aemilius, Aemilia, Aemilium — of
    Aemilius, built by Aemilius

Aenēās, Aenēae, m. — Aeneas
(legendary founder of Rome)
aēneus, aēnea, aēneum — bronze,
made of bronze
Aeolius, Aeolia, Aeolium — Aeolian,
from Aeolia
aequāre — make even, make level,
smooth: aequat, aequāvit,
aequātus
aequor, aequoris, n. — sea, surface of
the sea
aequus, aequa, aequum — equal, fair,
level, calm, patient, kindly
aes, aeris, n. — bronze, cash
aestās, aestātis, f. — summer
aetās, aetātis, f. — age, time of life
aetherius, aetheria, aetherium —
heavenly
aevum, aevī, n. — age, time, life
Āfer, Āfrī, m. — Afer (Roman
cognomen)
Āfer, Āfra, Āfrum — African
affirmāre — affirm, assert: affirmat,
affirmāvit, affirmātus
agāsō, agāsōnis, m. — stable-boy,
bumpkin
ager, agrī, m. — field
agere — do, drive, act
age — come on!
agedum — come on!
quid agis? — how are you?
agmen, agminis, n. — crowd, cluster,
squad
agnōscere — recognise: agnōscit,
agnōvit, agnitus
agnus, agnī, m. — lamb
agrestis, agrestis, agreste — of the
country, country, rural
ait — he, she says, said
albus, alba, album — white, bright
āles, ālitis, m.f. — bird, bird of prey
alimentum, alimentī, n. — food,
nourishment
aliquī, aliqua, aliquod — some, some
or other: alicuius
aliquis, aliqua, aliquid — some, someone, something: alicuius
ālite — see āles
aliter — otherwise, in another way
alius, alia, aliud — other, another:
alīus

alloquī — address, speak to: alloquitur,
allocūtus est
almus, alma, almum — nurturing, life-
giving
alter, altera, alterum — the other,
other, second: alterīus
alter ... alter — the one ... the
other
unus et alter — one or two
altus, alta, altum — high
alumnus, alumnī, m. — nursling,
young animal
amāre — love: amat, amāvit, amātus
Amastris, Amastris, f. — Amastris
(town on Black Sea, south
coast)
amātor, amātōris, m. — lover
ambitiō, ambitiōnis, f. — canvassing,
ambition, standing for office
ambō, ambae, ambō — both
ambrosius, ambrosia, ambrosium —
ambrosial, divine
amīca, amīcae, f. — girl-friend
amīcitia, amīcitiae, f. — friendship,
affection
amīcus, amīcī, m. — friend
amīcus, amīca, amīcum — friendly,
dear
amnis, amnis, m. — river
amor, amōris, m. — love, passion
ampulla, ampullae, f. — flask,
bottle
an — whether, or
ancilla, ancillae, f. — slave-girl
Ancus, Ancī, m. — Ancus Marcius
(fourth king of Rome)
angulus, angulī, m. — corner
angustus, angusta, angustum —
narrow, confined, humble
anīlis, anīlis, anīle — of an old woman,
old woman's
anima, animae, f. — spirit, soul, life,
darling
animus, animī, m. — mind, inclination
Anna Perenna, Annae Perennae, f. —
Anna Perenna (a year-goddess)
annus, annī, m. — year
ante — before, previously
anteā — before, previously
antīquus, antīqua, antīquum — old,
ancient

Antōnius, Antōnī, m. — Marcus
Antonius, Mark Antony
anus, anūs, f. — old woman
Anxur, Anxuris, n. — Anxur, Tarra-
cina (town on the coast of
Latium)
Āonius, Āonia, Āonium — Boeotian,
of the Muses (who lived on
Mount Helicon in Boeotia)
aper, aprī, m. — wild boar
apex, apicis, m. — mitre, crown
Aphēliōtēs, Aphēliōtae, m. — the
East Wind
apis, apis, f. — bee
Apollinēus, Apollinēa, Apollinēum
— of Apollo, sacred to
Apollo
Apollō, Apollinis, m. — the god
Apollo
appellere — move towards, bring to
shore: appellit, appulit,
appulsus
Appia (via), Appiae (viae), f. —
Appian Way (main road south
from Rome to Brundisium)
appōnere — place near, serve: appōnit,
apposuit, appositus
aprīcus, aprīca, aprīcum — sunny
aptus, apta, aptum — fitted, suitable,
neat
aqua, aquae, f. — water
Aquilō, Aquilōnis, m. — the North
Wind
āra, ārae, f. — altar
arātrum, arātrī, n. — plough
arbiter, arbitrī, m. — judge, arbitrator
arbitrium, arbitriī, n. — judgement
arbor, arboris, f. — tree
Arbuscula, Arbusculae, f. — Arbuscula
(a famous actress)
arcēs — see arx
arcus, arcūs, m. — bow
ardēre — burn, be passionate; ardet,
arsit
Arellius, Arellī, m. — Arellius
argentum, argentī, n. — silver
arguere + Form E (ablative) — accuse
of, charge with: arguit, arguit,
argūtus
argūtus, argūta, argūtum — bright,
sparkling, expressive

Arīcia, Arīciae, f. — Aricia (town in
Latium)
āridus, ārida, āridum — dry, shrivelled
arma, armōrum, n. pl. — weapons,
warfare
arripere — grasp, grab: arripit, arripuit,
arreptus
ars, artis, f. — art, skill, theory
artus, arta, artum — close, thrifty
arvum, arvī, n. — ploughed field
arx, arcis, f. — citadel, strong point
asellus, asellī, m. — ass, donkey
asper, aspera, asperum — rough, severe
aspicere — look, see, observe: aspicit,
aspexit, aspectus
assiduē — continually
at — but, yet
atavus, atavī, m. — great-great-great-
grandfather
āter, ātra, ātrum — black, dark
Atlantēus, Atlantēa, Atlantēum — of
Atlas, connected with Mount
Atlas
atque — and
Attalus, Attalī, m. — Attalus
attentus + Form C (dative) —
attentive to, keeping a careful
eye on
attenuāre — reduce, diminish, bring
down: attenuat, attenuāvit,
attenuātus
attingere — touch, take up: attingit,
attigit, attactus
attribuere — allot, assign: attribuit,
attribuit, attribūtus
audāx — bold, brave, daring: audācis
audēre — dare: audet, ausus est
audīre — hear, listen to: audit,
audīvit, audītus
auferre — take away, remove: aufert,
abstulit, ablātus
Aufidus, Aufidī, m. — Aufidus (river
in Apulia)
aulaeum, aulaeī, n. — curtain, tapestry
aura, aurae, f. — breeze, wind
aureus, aurea, aureum — golden,
gilded
auricula, auriculae, f. — ear
auris, auris, f. — ear
aurum, aurī, n. — gold
Ausonia, Ausoniae, f. — Italy

auspicium, auspicii, n. — omen
Auster, Austrī, m. — the South Wind
aut — or
   aut . . . aut — either . . . or
Autumnus, Autumnī, m. — autumn
avārus, avārī, m. — miser
avēna, avēnae, f. — oat
avēre — long, be eager: avet
āvertere — turn away, banish,
   estrange: āvertit, āvertit,
   āversus
avidus, avida, avidum — greedy
axis, axis, m. — axle, axle-tree

B

baculum, baculī, n. — walking-stick,
   staff
Balatrō, Balatrōnis, m. — Servilius
   Balatro (hanger-on of
   Maecenas)
balneum, balneī, n. — bath
barba, barbae, f. — beard
barbarus, barbarī, m. — foreigner
beātus, beāta, beātum — fortunate,
   happy, wealthy
bellum, bellī, n. — war
bellus, bella, bellum — beautiful,
   lovely, smart
bene — well, at the right moment
   melius — better
bibere — drink: bibit, bibit
bīnī, bīnae, bīna — two, a pair
bis — twice
blaesus, blaesa, blaesum — stuttering,
   lisping
blandus, blanda, blandum — flattering,
   charming, persuasive
Bōlānus, Bōlānī, m. — Bolanus
Bonōnia, Bonōniae, f. — Bononia
   (town in North Italy)
bonus, bona, bonum — good, gracious
   melior, melior, melius — better
   optimus, optima, optimum —
     best, most excellent
Boreās, Boreae, m. — the North Wind
bōs, bovis, m.f. — ox, cow, bull
bracchium, bracchii, n. — arm
brevis, brevis, breve — short
brūma, brūmae, f. — winter
brūtus, brūta, brūtum — heavy, inert,
   dull

bustum, bustī, n. — tomb
buxifer, buxifera, buxiferum — producing boxwood

C

caballus, caballī, m. — horse
cacūmen, cacūminis, n. — peak, top
cadere — fall: cadit, cecidit, (cāsūrus)
cadus, cadī, m. — wine-jar
Caeciliānus, Caeciliānī, m. —
   Caecilianus
caecus, caeca, caecum — blind,
   undiscerning, concealed,
   unforeseeable
caedere — kill: caedit, cecīdit, caesus
caelestis, caelestis, caeleste —
   heavenly, in the sky
caelum, caelī, n. — sky, heaven
Caesar, Caesaris, m. — Caesar, the
   Emperor
caesō — see caedere
caespes, caespitis, m. — turf
Calais, Calais, m. — Calais
calamus, calamī, m. — reed, cane,
   lime-twig
calculātor, calculātōris, m. — arithmetic teacher
calēre — be hot, be flushed: calet,
   caluit
calidus, calida, calidum — warm
calix, calicis, m. — cup, wine-cup
Calvus, Calvī, m. — Gaius Licinius
   Calvus Macer (poet and orator)
Campānus, Campāna, Campānum —
   Campanian, from Campania
campus, campī, m. — field
Campus, Campī, m. — Campus
   Martius (level parkland in
   north-west Rome)
candēre — shine, gleam: candet,
   canduit
candidus, candida, candidum —
   bright, white
Candidus, Candidī, m. — Candidus
Cānidia, Cānidiae, f. — Canidia (a
   sorceress)
canis, canis, m.f. — dog
canistrum, canistrī, n. — basket, food-
   basket
cantāre — sing: cantat, cantāvit,
   cantātus

cănus, căna, cănum — white, white-
haired
capere — take, capture, hold: capit,
cēpit, captus
capillătus, capillăta, capillătum —
long-haired
capillus, capillī, m. — hair
Capitō, Capitōnis, m. — Gaius
Fonteius Capito (one of
Antony's diplomats)
Capitōlium, Capitōliī, n. — the
Capitol (hill and principal
shrine of Rome)
caprimulgus, caprimulgī, m. — goat-
milker, bumpkin
captăre — try to catch, try to touch:
captat, captăvit, captătus
captīvus, captīva, captīvum — captive
caput, capitis, n. — head, source
carcer, carceris, m. — prison, starting-
box
carēre + Form E (ablative) — lack:
caret, caruit
cariōsus, cariōsa, cariōsum —
decayed, rotten
carmen, carminis, n. — song, poem,
poetry
carpere — pluck, wear away: carpit,
carpsit, carptus
carta, cartae, f. — papyrus-sheet,
paper
cărus, căra, cărum — dear
casa, casae, f. — hut, cottage, shelter
Castor, Castoris, m. — Castor (divine
guide of sailors)
castus, casta, castum — pure,
chaste
căsus, căsūs, m. — fall, accident,
chance, fortune
catēnătus, catēnăta, catēnătum —
fettered, fixed by a chain
Catō, Catōnis, m. — Cato (a killjoy,
a puritan)
catulus, catulī, m. — young dog,
hound
caupō, caupōnis, m. — shopkeeper,
innkeeper
causa, causae, f. — case, legal case,
cause, history
causidicus, causidicī, m. — case-
pleader, barrister, advocate

cautus, cauta, cautum — cautious,
wary
cavus, cavī, m. — hole
cavus, cava, cavum — hollow
Celaenaeus, Celaenaea, Celaenaeum —
from Celaenae (a town in
Phrygia)
cēlăre — hide, conceal, keep hidden:
cēlat, cēlăvit, cēlătus
celebrăre — celebrate, hold (a feast),
frequent: celebrat, celebrăvit,
celebrătus
celer, celeris, celere — quick, swift
cella, cellae, f. — store, wine-cellar
cēna, cēnae, f. — dinner, evening meal
cēnăre — dine, eat evening meal:
cēnat, cēnăvit, cēnătus
cēnsus, cēnsūs, m. — property,
wealth, fortune
centum — a hundred
cēra, cērae, f. — wax, wax-tablet
cerdō, cerdōnis, m. — artisan,
working-class man
cerebrōsus, cerebrōsa, cerebrōsum —
hot-tempered
cerebrum, cerebrī, n. — brain, temper
certăre — strive, contend: certat,
certăvit
certătim — in competition
certus, certa, certum — certain,
definite
cervix, cervīcis, f. — neck
cervus, cervī, m. — stag
cessăre — stop, take a rest, hold back,
hesitate: cessat, cessăvit
cēterus, cētera, cēterum — the rest
Charidēmus, Charidēmī, m. —
Charidemus
Chloē, Chloēs, f. — Chloe
chorēa, chorēae, f. — dance
chorus, chorī, m. — chorus, dancing
and singing, group
cibus, cibī, m. — food
cicer, ciceris, n. — chick-pea (a species
of pulse, eaten by the poor)
cicūta, cicūtae, f. — hemlock
cingere — surround, encircle: cingit,
cīnxit, cīnctus
cinis, cineris, m. — ash, ashes
circā + Form B (accusative) — round,
around

circuīre – go round, make the circuit
of: circuit, circuiit
circulus, circulī, m. – circle, group of
people
circum + Form B (accusative) – round,
round about
circumagere – take round: circumagit,
circumēgit, circumactus
circumvectārī – travel round: circum-
vectātur, circumvectātus est
Circus, Circī, m. – Circus Maximus
(Rome's largest race-track)
cirrātus, cirrāta, cirrātum – curly-
haired
cithara, citharae, f. – lyre
cito – quickly, soon
cīvis, cīvis, m. – citizen
clāmor, clāmōris, m. – shouting,
noise
clārus, clāra, clārum – bright, famous
claudere – close: claudit, clausit,
clausus
clāvis, clāvis, f. – key
clāvus, clāvī, m. – purple stripe (on
the tunic)
clepsydra, clepsydrae, f. – water-
clock, emptying-time of one
water-clock
clūnis, clūnis, m.f. – haunch, rump
coācta – see cōgere
Coccēius, Coccēiī, m. – Lucius
Cocceius Nerva (diplomat)
coccum, coccī, n. – scarlet dye
coepisse – have begun: coepit,
coeptus
cōgere – compel, force (together),
compress: cōgit, coēgit,
coāctus
cognitor, cognitōris, m. – legal
representative, lawyer
cognōscere – get to know, know:
cognōscit, cognōvit, cognitus
colere – inhabit, cultivate, look after,
worship, carry out: colit,
coluit, cultus
colligere – collect, gather together:
colligit, collēgit, collēctus
collum, collī, n. – neck
collȳrium, collȳriī, n. – salve, ointment
colōna, colōnae, f. – farmer's wife

color, colōris, m. – colour
columna, columnae, f. – column,
pillar
coma, comae, f. – hair, foliage
comātus, comāta, comātum – long-
haired, leafy
combibere – drink up, absorb, soak
in: combibit, combibit
cōmere – make beautiful, arrange:
cōmit, cōmpsit, cōmptus
comes, comitis, m.f. – companion
cōmis, cōmis, cōme – kind, gracious,
cultured
commendāre – entrust: commendat,
commendāvit, commendātus
committere – bring together, entrust,
commit: committit, commīsit,
commissus
commodum, commodī, n. – advantage, benefit
commūnis, commūnis, commūne –
common, joint, shared
comparāre – couple, match, put
in the same class as:
comparat, comparāvit,
comparātus
compēs, compedis, f. – shackle,
fetter
compescere – hold in, restrain:
compescit, compescuit
compōnere – bring together, arrange,
reconcile: compōnit,
composuit, compositus
comprimere – compress, squeeze in:
comprimit, compressit,
compressus
cōmptus – see cōmere
conciēre – set in motion: conciet,
concīvit, concitus
conclāve, conclāvis, n. – room
concutere – shake, strike: concutit,
concussit, concussus
condiciō, condiciōnis, f. – terms,
contract, nature
condīre – season, flavour: condit,
condīvit, condītus
cōnferre – convey, contribute:
cōnfert, contulit, conlātus
cōnfīdere + Form C (dative) – put
one's trust in: cōnfīdit,
cōnfīsus est

cōnfindere — split: cōnfindit,
cōnfidit, cōnfissus
coniŭnx, coniugis, m.f. — husband,
wife
conlātus — see cōnferre
cōnsistere — stop: cōnsistit, cōnstitit
cōnstruere — pile up, construct:
cōnstruit, cōnstrūxit,
cōnstrūctus
cōnsultus, cōnsulta, cōnsultum +
Form D (genitive) — expert in,
learned in
contemnere — despise, disregard:
contemnit, contempsit,
contemptus
contentus, contenta, contentum —
satisfied, content
conterere — wear down, wear out:
conterit, contrīvit, contrītus
continēre — hold in position, restrain:
continet, continuit, contentus
continuāre — make continuous:
continuat, continuāvit,
continuātus
continuō — immediately, straight
afterwards
continuus, continua, continuum —
continuous, uninterrupted
convalēscere — grow strong, recover:
convalēscit, convaluit
convenīre — come together, assemble:
convenit, convēnit,
(conventūrus)
convīcium, convīcii, n. — insult,
abuse
convīva, convīvae, m. — guest (at
table)
convīvātor, convīvātōris, m. — host,
giver of dinner-party
convīvium, convīvii, n. — dinner-party
coquere — cook: coquit, coxit, coctus
coquus, coquī, m. — cook
cōram — face to face
Corinna, Corinnae, f. — Corinna
(Ovid's girl-friend)
cornū, cornūs, n. — horn
corōna, corōnae, f. — ring, circle of
spectators
corōnāre — crown, encircle: corōnat,
corōnāvit, corōnātus
corpus, corporis, n. — body

corripere — grab, rebuke: corripit,
corripuit, correptus
Corsicus, Corsica, Corsicum —
Corsican
cortex, corticis, m. — cork
coruscus, corusca, coruscum —
flickering, flashing
corvus, corvī, m. — raven
crāstinus, crāstina, crāstinum — of
tomorrow, tomorrow's
crātēr, crātēris, m. — wine-mixing
bowl
crātēra, crātērae, f. — wine-mixing
bowl
crēdere — believe, suppose, trust:
crēdit, crēdidit, crēditus
crēdibilis, crēdibilis, crēdibile —
conceivable, likely
crēscere — grow, grow up: crēscit,
crēvit
crīmen, crīminis, n. — charge,
accusation
crīnis, crīnis, m. — lock of hair,
hair
crūdēlis, crūdēlis, crūdēle — cruel
cubāre — lie down, recline, be ill in
bed: cubat, cubuit
culex, culicis, m. — gnat, midge
culpa, culpae, f. — blame, fault
cultor, cultōris, m. — cultivator,
worshipper
cultus, cultūs, m. — cultivation,
elegance, clothes
cultus, culta, cultum — elegant,
sophisticated
cum + Form E (ablative) — with
cum — when, since, while, although
cūnae, cūnārum, f. pl. — cradle
cūnctus, cūncta, cūnctum — all
cupere — want, desire: cupit, cupīvit,
cupītus
Cupīdō, Cupīdinis, m. — Cupid,
Desire
cupīdō, cupīdinis, f. — desire, passion
cūr — why
cūra, cūrae, f. — care, concern,
object of care
cūria, cūriae, f. — senate-house
currere — run: currit, cucurrit
currus, currūs, m. — chariot, racing-
chariot

cursitāre — run about: cursitat,
cursitāvit
cursus, cursūs, m. — course, journey
curtus, curta, curtum — damaged,
incomplete
custōdīre — guard, protect: custōdit,
custōdīvit, custōdītus
custōs, custōdis, m. — guardian,
protector
cutis, cutis, f. — skin
cyathus, cyathī, m. — wine-ladle,
measure
Cyclades, Cycladum, f. — Cyclades
(islands centred on Delos in
the Aegean Sea)
cycnus, cycnī, m. —swan
Cytōrius, Cytōria, Cytōrium — of
Cytorus (town on Black Sea,
south coast)
Cytōrus, Cytōrī, m. — Cytorus
(town on Black Sea, south
coast)

D
Dāma, Dāmae, m. — Dama
damnum, damnī, n. — loss
daps, dapis, f. — meal, feast
dare — give: dat, dedit, datus
Daunus, Daunī, m. — Daunus
(legendary king of Apulia)
dē + Form E (ablative) — from, about
dēbēre — owe, ought: dēbet, dēbuit,
dēbitus
dēbitor, dēbitōris, m. — debtor
decem — ten
December, Decembris, Decembre —
of December
dēcidere — fall down, die, sink away:
dēcidit, dēcidit
deciēns — ten times
decimus, decima, decimum — tenth
dēcipere — deceive: dēcipit, dēcēpit,
dēceptus
dēcoctor, dēcoctōris, m. — bankrupt,
insolvent debtor
dēcrēscere — grow smaller, dwindle:
dēcrēscit, dēcrēvit
dēdicāre — dedicate: dēdicat,
dēdicāvit, dēdicātus
dēdiscere — unlearn, forget how to:
dēdiscit, dēdidicit

dēdūcere — remove, divert, bring
home: dēdūcit, dēdūxit,
dēductus
dēesse — be lacking: dēest, dēfuit,
(dēfutūrus)
dēficere — fail, be insufficient for:
dēficit, dēfēcit, dēfectus
dēfodere — bury, fix in the ground:
dēfodit, dēfōdit, dēfossus
deinceps — next
Dēlia, Dēliae, f. — Delia (girl-friend
of Tibullus)
dēlicātus, dēlicāta, dēlicātum —
refined, dainty, pampered
dēliciae, dēliciārum, f. pl. — darling
Delphicus, Delphica, Delphicum —
from Delphi (oracle of Apollo)
Delphis, Delphidis, f. — priestess of
the Delphic oracle
dēmēns — mad: dēmentis
dēmittere — let fall, lower: dēmittit,
dēmīsit, dēmissus
dēmum — at last, only
dēns, dentis, m. — tooth
dēnsus, dēnsa, dēnsum — thick, close-
packed
dēprecārī + Form B (accusative) —
beg for relief from: dēprecātur,
dēprecātus est
dērigere — arrange along a line, align:
dērigit, dērēxit, dērēctus
dēsiderium, dēsideriī, n. — need,
sense of loss, sense of longing
dēsinere — stop: dēsinit, dēsivit,
dēsitus
dēstituere — desert, abandon:
dēstituit, dēstituit, dēstitūtus
dēsuper — from above
dēterior, dēterior, dēterius — worse
dētrahere + Form C (dative) — pull off
from: dētrahit, dētrāxit,
dētractus
deus, deī, m. — god
dēvorāre — swallow, gulp down:
dēvorat, dēvorāvit, dēvorātus
dexter, dext(e)ra, dext(e)rum — on
the right, right-hand
dextra, dextrae, f. — right hand
dī — see deus
Diāna, Diānae, f. — the goddess
Diana

dicāx — quick-tongued, witty: dicācis
dīcere — say: dīcit, dīxit, dictus
dictāre — recite, dictate: dictat,
    dictāvit, dictātus
dictum, dictī, n. — word
dīdūcere — separate: dīdūcit, dīdūxit,
    dīductus
diēs, diēī, m.f. — day
Diēspiter, Diēspitris, m. — Jupiter
differtus, differta, differtum + Form
    E (ablative) — stuffed full of,
    full up with
difficilis, difficilis, difficile — difficult,
    troublesome
diffugere — scatter, disperse: diffugit,
    diffūgit
diffundere — pour out, scatter, spread
    over: diffundit, diffūdit,
    diffūsus
digitus, digitī, m. — finger, toe
dignus, digna, dignum — worthy
dīlaniāre — tear apart: dīlaniat,
    dīlaniāvit, dīlaniātus
dīligere — like, hold dear: dīligit,
    dīlexit, dīlectus
dīmittere — send away, send off:
    dīmittit, dīmīsit, dīmissus
Dipsas, Dipsadis, f. — Dipsas
dīruere — demolish, ruin: dīruit,
    dīruit, dīrutus
discēdere — go away, depart: discēdit,
    discessit, (discessūrus)
discere — learn: discit, didicit
discolor — of different colours,
    variegated: discolōris
discrīmen, discrīminis, n. — dividing-
    line, separation, crisis
disicere — scatter, disperse: disicit,
    disiēcit, disiectus
dispēnsātor, dispēnsātōris, m. —
    steward, accountant
disperīre — perish, die: disperit,
    disperiit
dispōnere — arrange: dispōnit,
    disposuit, dispositus
distringere — tear apart: distringit,
    distrinxit, districtus
diū — for a long time
dīversus, dīversa, dīversum — remote,
    distant, opposite
dīves — rich: dīvitis

dīvidere — divide, split in two, share
    out: dīvidit, dīvīsit, dīvīsus
doctus, docta, doctum — learned,
    clever, expert
dolāre — beat, batter: dolat, dolāvit,
    dolātus
dolor, dolōris, m. — pain, grief
dolus, dolī, m. — trick
domina, dominae, f. — mistress,
    lady
dominus, dominī, m. — master, lord,
    landowner, host
Domitius, Domitiī, m. — Domitius
domus, domūs, f. — house, home
dōnec — until, so long as
dōnum, dōnī, n. — gift
dormīre — sleep: dormit, dormīvit
dorsum, dorsī, n. — back, ridge
dubitāre — be in doubt, hesitate:
    dubitat, dubitāvit,
    (dubitātūrus)
ducentī, ducentae, ducenta — two
    hundred
dūcere — lead, heave (sighs), consider:
    dūcit, dūxit, ductus
dulcis, dulcis, dulce — sweet,
    attractive
dum — while, as long as
duo, duae, duo — two
duplex — double, two-faced: duplicis
dūrāre — endure, last, brave it: dūrat,
    dūrāvit, dūrātus
dūrus, dūra, dūrum — hard, severe,
    clumsy
dux, ducis, m. — leader, commander

E
ē, ex + Form E (ablative) — out of,
    from, of
ēbibere — drink down: ēbibit, ēbibit,
    ēbibitus
eburnus, eburna, eburnum — made of
    ivory, ivory
ecce — look!
edāx — biting, greedy, destructive:
    edācis
ēdere — emit, give out: ēdit, ēdidit,
    ēditus
efferre — carry out, raise: effert,
    extulit, ēlātus
effugere — escape: effugit, effūgit

effundere — pour out: effundit,
        effūdit, effūsus
ego, meī — I
ēgredī — go out: ēgreditur, ēgressus
        est
ēheu — oh dear! dear me!
ēloquium, ēloquiī, n. — speech,
        eloquence, speaking
Ēlysius, Ēlysia, Ēlysium — Elysian, of
        Elysium (after-life resting-
        place of the blessed)
ēmendāre — remedy, make good:
        ēmendat, ēmendāvit,
        ēmendātus
emere — buy: emit, ēmit, emptus
ēn — look! see! there!
enim — for
eō — consequently, for that reason
ephēmeris, ephēmeridos, f. —
        account-book, ledger
equa, equae, f. — mare
eques, equitis, m. — horseman, mem-
        ber of the equestrian order
equus, equī, m. — horse
ergō — then, therefore, in that case
ērigere — raise, revive: ērigit, ērexit,
        ērectus
ēripere — snatch away: ēripit, ēripuit,
        ēreptus
Erōtion, Erōtiī, f. — Erotion
        (Martial's slave-girl)
errāre — wander, err, be off-course:
        errat, errāvit
error, errōris, m. — deviation, defect,
        flaw
erus, erī, m. — master
ervum, ervī, n. — vetch
Eryx, Erycis, m. — Eryx (Sicilian
        mountain sacred to Venus)
esse — be: est, fuit, (futūrus)
ēsse — eat: ēst, ēdit, ēsus
ēsuritor, ēsuritōris, m. — hungry man
et — and, also, even
        et... et — both... and
etenim — for the fact is
Euphēmus, Euphēmī, m. —
        Euphemus (overseer of
        Domitian's dinner-arrange-
        ments)
euripus, euripī, m. — inland waterway,
        canal in the Campus Martius

Eutrapelus, Eutrapelī, m. — Eutra-
        pelus (a barber)
ēvocāre — call forth, summon:
        ēvocat, ēvocāvit, ēvocātus
ēvolāre — fly out, rush out: ēvolat,
        ēvolāvit
exanimis, exanimis, exanime — half-
        dead, petrified
excipere — take, receive: excipit,
        excēpit, exceptus
excitāre — rouse, stir up, raise:
        excitat, excitāvit, excitātus
exclāmāre — exclaim: exclāmat,
        exclāmāvit, exclāmātus
excolere — cultivate, educate: excolit,
        excoluit, excultus
excutere — knock off, shake off,
        throw out: excutit, excussit,
        excussus
exemplum, exemplī, n. — example,
        comparison, parallel
exercēre — train, exercise, keep busy:
        exercet, exercuit, exercitus
exigere — force out, exact, collect,
        complete: exigit, exēgit,
        exactus
exiguus, exigua, exiguum — small,
        scanty, meagre
expingere — apply paint to: expingit,
        expīnxit, expictus
explōdere — drive off-stage (by clap-
        ping): explōdit, explōsit,
        explōsus
expōnere — place out, put on shore:
        expōnit, exposuit, expositus
exsilīre — jump out: exsilit, exsiluit
exspectāre — wait for: exspectat,
        exspectāvit, exspectātus
exstruere — heap up: exstruit,
        exstrūxit, exstrūctus
extendere — stretch out, prolong:
        extendit, extendit, extentus
extrahere — extract, pull out: extrahit,
        extrāxit, extractus
extrēmus, extrēma, extrēmum — last,
        the edge of
exul, exulis, m. — exile, banished
        person

F
fābula, fābulae, f. — story, talk, news

Fabulla, Fabullae, f. — Fabulla
face — *see* fax
facere — make, do: facit, fēcit, factus
faciēs, faciēī, f. — appearance
facilis, facilis, facile — easy,
    unrestrained
fācundia, fācundiae, f. — eloquence
faenum, faenī, n. — hay
faex, faecis, f. — dregs
fallere — deceive: fallit, fefellit, falsus
fāma, fāmae, f. — story, reputation,
    fame
fās, n. *indeclinable* — right, proper
fascēs, fascium, m. pl. — fasces,
    bundle of rods symbolising
    political power
fastīdium, fastīdiī, n. — lack of
    appetite, disdain
fatērī — confess, admit: fatētur,
    fassus est
fatīgāre — tire, weary: fatīgat,
    fatīgāvit, fatīgātus
fātum, fātī, n. — fate, death
Faunus, Faunī, m. — Faunus (a god
    of the countryside)
favēre — favour, support: favet, fāvit
Favōnius, Favōnī, m. — West Wind
favus, favī, m. — honeycomb
fax, facis, f. — torch, fire, passion
fēlix — happy, lucky, fortunate:
    fēlīcis
fēmina, fēminae, f. — woman
ferculum, ferculī, n. — dish of food,
    course
Ferōnia, Ferōniae, f. — Feronia (an
    Italian goddess)
ferre — bear, carry, bring, relate, win:
    fert, tulit, lātus
ferrum, ferrī, n. — iron
ferula, ferulae, f. — fennel-stalk,
    stick, cane
ferus, fera, ferum — wild
fervēre — boil, burn: fervet, ferbuit
fessus, fessa, fessum — tired
fēstum, fēstī, n. — festival
fēstus, fēsta, fēstum — festal, festive,
    on holiday
fictilis, fictilis, fictile — made of
    earthenware, terracotta
fidēlis, fidēlis, fidēle — faithful, loyal
fidēs, fideī, f. — faith, belief

fīdus, fīda, fīdum — faithful, loyal
fierī — become, be made, happen: fit,
    factus est
figere — fix in: fīgit, fīxit, fīxus
fīlia, fīliae, f. — daughter
filius, fīliī, m. — son
findere — split: findit, fidit, fissus
fingere — form, invent, make up:
    fingit, finxit, fictus
fīnis, fīnis, m. — end, limit
    pl. territory
Flaccilla, Flaccillae, f. — Flaccilla
    (Martial's mother)
flamma, flammae, f. — flame
flammeus, flammea, flammeum —
    flaming, fiery
flātus, flātūs, m. — blowing, blast
flāvus, flāva, flāvum — yellow, blonde
flēre — weep, weep for: flet, flēvit,
    flētus
flōs, flōris, m. — flower, blossom
flūmen, flūminis, n. — river
focus, focī, m. — hearth
fodere — jab, stab: fodit, fōdit, fossus
foedus, foeda, foedum — repulsive,
    hideous
follis, follis, m. — bag, large soft-ball
Fontēius, Fontēiī, m. — Gaius
    Fonteius Capito (one of
    Antony's diplomats)
forās — to the outside, outside
fōrma, fōrmae, f. — shape, appearance
Fōrmiānus, Fōrmiāna, Fōrmiānum —
    from Formiae (modern town
    of Formia)
formīdō, formīdinis, f. — fear, terror
fōrmōsus, fōrmōsa, fōrmōsum —
    beautiful, handsome
fors, fortis, f. — luck, chance
forte — by chance, as it happened
fortis, fortis, forte — strong, brave,
    tough, forceful
Fortūna, Fortūnae, f. — the goddess
    Fortune
fortūna, fortūnae, f. — fortune,
    destiny, luck
fortūnātus, fortūnāta, fortūnātum —
    lucky, happy
forum, forī, n. — forum
Forum Appī, Forī Appī, n. — Forum
    Appi (town in Latium)

115

fossor, fossōris, m. — digger, farm-
labourer, bumpkin
frangere — break, rumple: frangit,
frēgit, frāctus
frāter, frātris, m. — brother
frequēns — frequent, common,
plentiful: frequentis
fretum, fretī, n. — straits, sea
frīgus, frīgoris, n. — cold
frondeus, frondea, frondeum — leafy,
leaf-covered
frondōsus, frondōsa, frondōsum —
leafy
frōns, frondis, f. — leaf, leafy bough
frōns, frontis, f. — forehead, brow,
expression
Frontō, Frontōnis, m. — Fronto
(Martial's father)
frūgēs, frūgum, f. pl. — fruit, grain,
produce
fruī + Form E (ablative) — enjoy,
take pleasure in: fruitur,
frūctus est
frūstum, frūstī, n. — scrap, piece
fuga, fugae, f. — flight, escape, swift
passage
fugāx — runaway, fugitive: fugācis
fugere — escape, run away (from),
pass away: fugit, fūgit
fulgēre — shine, gleam: fulget,
fulsit
fullō, fullōnis, m. — fuller, laundryman
fulmen, fulminis, n. — lightning,
thunderbolt
fulmināre — flash, lightning: fulminat,
fulmināvit, fulminātus
fultūra, fultūrae, f. — prop, support,
strengthening
fūmāre — smoke: fūmat, fūmāvit
fūmōsus, fūmōsa, fūmōsum — smoky,
smoke-stained
fūnebris, fūnebris, fūnebre — funereal,
deathly
fungī + Form E (ablative) — perform:
fungitur, fūnctus est
fūnus, fūneris, n. — funeral rites,
funeral
furiōsus, furiōsa, furiōsum — frenzied,
wild, uncontrolled
Fūrius, Fūriī, m. — Furius

fūrtim — stealthily, secretly,
imperceptibly
fūrtīvus, fūrtīva, fūrtīvum — stealthy,
secret
fūrtum, fūrtī, n. — theft
fūstis, fūstis, m. — stick, club
futūrum, futūrī, n. — the future

G
garrīre — chatter, prattle: garrit,
garrīvit
garrulus, garrula, garrulum — talkative,
wordy
gaudēre — be pleased, rejoice, find
pleasure in: gaudet, gāvīsus est
gaudium, gaudiī, n. — joy, pleasure
gelū, gelūs, n. — ice
gemellus, gemella, gemellum — twin
gemināre — double, geminat,
gemināvit, geminātus
geminus, gemina, geminum — twin,
two
gemitus, gemitūs, m. — groan,
moaning
gemma, gemmae, f. — jewel, precious
stone
gena, genae, f. — cheek
genetrīx, genetrīcis, f. — mother
geniālis, geniālis, geniāle — lively,
joyful
genitor, genitōris, m. — father
gēns, gentis, f. — people, nation,
race
genus, generis, n. — descent, birth,
class
Germānicus, Germānicī, m. —
Domitian (after campaign in
Germany)
Germānus, Germāna, Germānum —
German
glomerāre — collect, mass together:
glomerat, glomerāvit,
glomerātus
Graecus, Graeca, Graecum — Greek
grāmen, grāminis, n. — grass, herb
grandis, grandis, grande — great,
pronounced
graphium, graphiī, n. — stylus,
pen
grassārī — press on, make advances:
grassātur, grassātus est

Grātia, Grātiae, f. — a Grace (personi-
fication of beauty, gentleness
and friendship)
grātus, grāta, grātum — pleasing,
welcome
gravis, gravis, grave — heavy, serious,
hard to bear
gressus, gressūs, m. — step, gait,
metrical foot
gustāre — taste: gustat, gustāvit,
gustātus

H
habēre — have, contain, consider,
possess: habet, habuit, habitus
Hadria, Hadriae, m.f. — the Adriatic
Sea
Hadriāticum, Hadriāticī, n. — the
Adriatic Sea
haedus, haedī, m. — kid, young goat
harēna, harēnae, f. — sand
harundineus, harundinea, harundineum
— made from a reed, played on
a reed-pipe
haud — not
havē — hallo! how do you do?
havēre — be greeted
Helicōn, Helicōnis, m. — Helicon
(Greek mountain sacred to
Apollo and the Muses)
Hēliodōrus, Hēliodōrī, m. —
Heliodorus
herba, herbae, f. — grass
herbōsus, herbōsa, herbōsum — grass-
covered
hērēs, hērēdis, m. — heir
hesternus, hesterna, hesternum —
from yesterday
heu — alas! ah!
hībernus, hīberna, hībernum — of
winter, wintry
hic, haec, hoc — this: huius
hīc — here, at this point
hinc — from here
Hippolytus, Hippolytī, m. — Hippolytus (son of Theseus)
Hispānia, Hispāniae, f. — Spain
hodiē — today
hodiernus, hodierna, hodiernum —
today's
homō, hominis, m. — man

honestus, honesta, honestum —
honourable
honor, honōris, m. — honour,
political office
hōra, hōrae, f. — hour
hōrnus, hōrna, hōrnum — this year's
horrēre — bristle, tremble at: horret,
horruit
horrēscere — tremble at: horrēscit,
horruit
horribilis, horribilis, horribile —
dreadful, frightening,
monstrous
horridus, horrida, horridum — rough,
bristling, wild, dreadful
hortārī — urge, encourage: hortātur,
hortātus est
hortus, hortī, m. — garden
hospes, hospitis, m. — host, guest,
visitor
hospitium, hospitiī, n. — hospitality,
guesthouse, inn
hostia, hostiae, f. — victim, sacrificial
animal
hostis, hostis, m. — enemy
hūc — here, to this place
hūmānus, hūmāna, hūmānum —
human
humilis, humilis, humile — lowly,
humble
humus, humī, f. — ground, earth

I
iacēre — lie: iacet, iacuit
iactāre — throw, wave, flourish:
iactat, iactāvit, iactātus
iam — now, already
iamdūdum — for a long time
iānua, iānuae, f. — door
icere — strike: īcit, īcit, ictus
īdem, eadem, idem — the same:
eiusdem
Īdūs, Īduum, f. pl. — the Ides (13th
day of some months, 15th
day of others)
igitur — so, therefore
ignārus, ignāra, ignārum — ignorant,
without knowledge
ignāvus, ignāva, ignāvum — lazy,
faint-hearted, cowardly
ignis, ignis, m. — fire, flame, love-

ignōscere + Form C (dative) — forgive:
ignōscit, ignōvit, ignōtus
ignōtus, ignōta, ignōtum — unknown
Ilia, Iliae, f. — Ilia (mother of
Romulus and Remus)
illacrimārī — weep, shed tears:
illacrimātur, illacrimātus est
ille, illa, illud — that: illīus
illīc — there
illinere — smear: illinit, illēvit, illitus
illūdere — mock, make a mockery of:
illūdit, illūsit, illūsus
imber, imbris, m. — rain, shower,
stream
imbuere — wet, dip: imbuit, imbuit,
imbūtus
immātūrus, immātūra, immātūrum —
unripe, early, premature
immittere — send, throw: immittit,
immīsit, immissus
immortālis, immortālis, immortāle —
immortal, deathless
immundus, immunda, immundum —
dirty, foul
imperāre — order: imperat,
imperāvit, imperātus
impetus, impetūs, m. — onset, pace,
speed
implēre — fill, complete: implet,
implēvit, implētus
impōnere — place on, site on:
impōnit, imposuit, impositus
importūnus, importūna, importūnum
— demanding, relentless, selfish
impotēns — uncontrolled, wild,
powerless: impotentis
improbus, improba, improbum —
wicked, immoral, unprincipled
imputāre + Form C (dative) — credit
to an account: imputat,
imputāvit, imputātus
īmus, īma, īmum — lowest, lowest
part of
in + Form B (accusative) — in, into,
to, towards, onto, against
+ Form E (ablative) — in, on
inānis, inānis, ināne — empty
incēdere — walk, advance: incēdit,
incessit, (incessūrus)
incendere — set light to, set on fire:
incendit, incendit, incēnsus

incertus, incerta, incertum —
uncertain, insecure
incidere in + Form B (accusative) —
fall on, chance upon, happen
to meet: incidit, incidit,
(incāsūrus)
incīdere — cut open, cut up: incīdit,
incīdit, incīsus
incipere — begin: incipit, incēpit,
inceptus
incrēbrēscere — increase, become
stronger: incrēbrēscit,
incrēbruit
incumbere — lean on, support oneself on: incumbit, incubuit
inde — from there, then
indicāre — declare: indicat, indicāvit,
indicātus
indignus, indigna, indignum —
unworthy, undeserving
indocilis, indocilis, indocile —
untrained, uninstructed
indūcere — bring to, bring upon:
indūcit, indūxit, inductus
induere + Form C (dative) — put on:
induit, induit, indūtus
iners — sluggish, idle: inertis
inesse — be in: inest, infuit,
(infutūrus)
infacētus, infacēta, infacētum —
boorish, insensitive, tasteless
infāmis, infāmis, infāme — notorious,
having a bad reputation
infāns — inarticulate, tongue-tied,
baby-like: infantis
infāns, infantis, m.f. — child,
baby
infēlīx — unlucky, disastrous,
wretched: infēlīcis
infernus, inferna, infernum — down
below, of the Underworld
inflāre — inflate, puff up: inflat,
inflāvit, inflātus
infrequēns — infrequent, not regular,
not crowded: infrequentis
ingeniōsus, ingeniōsa, ingeniōsum —
clever, gifted
ingenium, ingeniī, n. — natural
ability, talent, flair
ingēns — large, (of sounds) loud:
ingentis

118

ingenuus, ingenua, ingenuum — free-
    born, gentlemanly, delicate
ingerere — heap on, pour on: ingerit,
    ingessit, ingestus
iniquus, iniqua, iniquum — uneven,
    discontented, resentful
inniti + Form C (dative) — lean on, put
    one's weight on: innititur,
    innixus est
innumerabilis, innumerabilis,
    innumerabile — numberless,
    countless
inops — poor, weak: inopis
inornatus, inornata, inornatum —
    dishevelled, in disarray
inquit — says, said
insanire — be mad: insanit, insanivit
insanus, insana, insanum — mad,
    crazy
insapiens — unwise, stupid:
    insapientis
inserere — insert, put aboard: inserit,
    insevit, insitus
insidiae, insidiarum, f. pl. — ambush,
    surprise attack
insignis, insignis, insigne — conspicuous,
    famous, outstanding
institor, institoris, m. — retailer,
    shopkeeper
insula, insulae, f. — island
insurgere — get up, rouse oneself:
    insurgit, insurrexit
intentus, intenta, intentum + Form C
    (dative) — intent on
inter + Form B (accusative) —
    between, among
interdum — at times, from time to
    time
interea — meanwhile
interire — perish, die
intumescere — become swollen:
    intumescit, intumuit
intus — inside, indoors, at home
inutilis, inutilis, inutile — useless
invalidus, invalida, invalidum —
    weak
invenire — find: invenit, invenit,
    inventus
invidere — envy, begrudge: invidet,
    invidit, invisus
invisus, invisa, invisum — hateful

invitus, invita, invitum — unwilling,
    reluctant
iocus, ioci, m. — joke, humour, wit
Iovis, etc. — see Iuppiter
ipse, ipsa, ipsum — himself, herself,
    itself: ipsius
ira, irae, f. — anger
iracundus, iracunda, iracundum —
    hot-tempered
iratus, irata, iratum — angry, furious
ire — go: it, iit, (iturus)
irritare — provoke, stimulate, kindle:
    irritat, irritavit, irritatus
is, ea, id — that, he, she, it: eius
iste, ista, istud — that: istius
ita — thus, so, such a
Italus, Itala, Italum — Italian
iter, itineris, n. — journey
iterare — repeat: iterat, iteravit,
    iteratus
iterum — again
iubere — order: iubet, iussit, iussus
iucundus, iucunda, iucundum —
    pleasant, agreeable
iudicium, iudicii, n. — judgement,
    assessment
iugulare — cut the throat, kill:
    iugulat, iugulavit, iugulatus
iugulum, iuguli, n. — throat, neck
iugum, iugi, n. — yoke, ridge, hill-top
Iulius, Iulia, Iulium — Julian,
    dedicated by Augustus
Iulius, Iulii, m. — July
iungere — join: iungit, iunxit, iunctus
Iuppiter, Iovis, m. — Jupiter
ius, iuris, n. — sauce
ius, iuris, n. — law, right, privilege
iusserat — see iubere
iuvare — please, help, be of use: iuvat,
    iuvit, iutus
iuvencus, iuvenci, m. — young ox,
    bullock
iuvenis, iuvenis, m. — young man

L
labi — slip, flow past: labitur, lapsus
    est
labor, laboris, m. — work, struggle,
    labour
laborare — work, labour: laborat,
    laboravit

119

labrum, labrī, n. — lip
lacrima, lacrimae, f. — tear
lactāns — unweaned, sucking:
  lactantis
lacus, lacūs, m. — lake, pool, tank,
  trough
Laetīnus, Laetīnī, m. — Laetinus
laetus, laeta, laetum — happy
laevus, laeva, laevum — on the left,
  coming from the left-hand side
laeva, laevae, f. — left hand
lagoena, lagoenae, f. — wine-flask,
  wine-bottle
lammina, lamminae, f. — thin metal
  sheet, plate
lanius, laniī, m. — butcher,
  slaughterer
lapis, lapidis, m. — stone
lāpsus — see lābī
lardum, lardī, n. — bacon
largus, larga, largum — generous,
  unstinted
lascīvus, lascīva, lascīvum — lively,
  mischievous, playful
lassāre — tire out, weary: lassat,
  lassāvit, lassātus
lassus, lassa, lassum — tired, weary
lātē — widely, over a large area
lātus, lāta, lātum — wide, broad
latus, lateris, n. — side
laudāre — praise, commend: laudat,
  laudāvit, laudātus
laurus, laurī (-ūs), f. — laurel, bay,
  laurel-wreath
laus, laudis, f. — praise, appreciation,
  reputation
lautē — elegantly, sumptuously
lavāre — wash: lavat, lāvit, lōtus
laxāre — loosen, relax: laxat, laxāvit,
  laxātus
laxus, laxa, laxum — slack, soft
lectīca, lectīcae, f. — litter
lector, lectōris, m. — reader
lectus, lectī, m. — bed, couch
lēgātus, lēgātī, m. — delegate,
  representative, envoy
legere — select, read: legit, lēgit,
  lēctus
lēna, lēnae, f. — procuress, go-
  between
lēnis, lēnis, lēne — gentle

lentus, lenta, lentum — flexing,
  sluggish, slow
leō, leōnis, m. — lion
lepus, leporis, m. — hare
Lesbia, Lesbiae, f. — Lesbia (Catullus'
  girl-friend)
lēthargus, lēthargī, m. — pathological
  torpor, drowsiness
lētum, lētī, n. — death
levāre — lift, lighten, relieve, rid:
  levat, levāvit, levātus
levis, levis, leve — light, insubstantial
lībāre — pour a libation of, pour part
  as an offering: lībat, lībāvit,
  lībātus
libellus, libellī, m. — booklet, small
  volume
libēns — gladly: libentis
libenter — gladly, willingly
liber, librī, m. — book, roll
līber, lībera, līberum — free
līberāre — free, set free: līberat,
  līberāvit, līberātus
lībertus, lībertī, m. — freedman
Libitīna, Libitīnae, f. — Libitina
  (goddess of burials)
lībum, lībī, n. — sacrificial cake
Libycus, Libyca, Libycum — Libyan,
  African
licēre — be permitted: licet, licuit
licet — although
licium, liciī, n. — thread
ligāre — fasten, tie up, harness: ligat,
  ligāvit, ligātus
lignum, lignī, n. — wood, firewood,
  kindling
līmen, līminis, n. — doorstep,
  threshold
līmōsus, līmōsa, līmōsum — muddy
limpidus, limpida, limpidum — clear
lingua, linguae, f. — tongue, language
linter, lintris, f. — boat
linteum, linteī, n. — linen cloth,
  towel, sails
līnum, līnī, n. — thread
lippus, lippa, lippum — having watery
  or inflamed eyes
liquidus, liquida, liquidum — fluid,
  clear
liquor, liquōris, m. — water
līs, lītis, f. — dispute, lawsuit

lītorālis, lītorālis, lītorāle — of the
shore
littera, litterae, f. — letter
lītus, lītoris, n. — shore
līvēre + Form C (dative) — be envious
of: līvet
locāre — position, place: locat,
locāvit, locātus
loculus, loculī, m. — money-box
locuplēs — rich, wealthy: locuplētis
locus, locī, m. — place
lolium, loliī, n. — darnel (a weed)
longē — far, far off
longus, longa, longum — long, long-
lasting
loquāx — talkative: loquācis
loquī — talk, utter: loquitur, locūtus
est
lōrum, lōrī, n. — leather thong, rein
lōtus — see lavāre
lūbricus, lūbrica, lūbricum — slippery
lucrum, lucrī, n. — profit, gain
lūctus, lūctūs, m. — mourning, sorrow
lūdere — play, have fun: lūdit, lūsit
lūdus, lūdī, m. — play, entertainment,
show, school
lumbus, lumbī, m. — loins, rump,
bottom
lūmen, lūminis, n. — light
lūna, lūnae, f. — moon
Lupercus, Lupercī, m. — Lupercus
lupus, lupī, m. — wolf
lutum, lutī, n. — mud, dirt
lūx, lūcis, f. — light, daylight, day
Lȳdia, Lȳdiae, f. — Lydia
lympha, lymphae, f. — water

M
madēre — be wet: madet
madidus, madida, madidum — wet
Maecēnās, Maecēnātis, m. — Gaius
Maecenas (friend and diplomatic agent of Augustus,
patron of Horace)
Maeonidēs, Maeonidae, m. — Homer,
lit. the man from Maeonia
(eastern Lydia)
maerēre — grieve, mourn: maeret
maestus, maesta, maestum — sad
magis — more
magister, magistrī, m. — master

magnus, magna, magnum — big, great,
important, plentiful, difficult
to achieve
maior, maior, maius — greater
maximus, maxima, maximum —
greatest
magus, maga, magum — magic
maior, maius — *see* magnus
male — badly, to ill effect, nastily,
barely
malignus, maligna, malignum — mean,
spiteful
mālle — prefer: māvult, māluit
malum, malī, n. — trouble, hardship
malus, mala, malum — bad, troublesome, unkind
peior, peior, peius — worse
mānāre — flow, run: mānat, mānāvit
mandāre — entrust, give instructions:
mandat, mandāvit, mandātus
māne — in the morning
manēre — remain: manet, mānsit,
(mānsūrus)
mantica, manticae, f. — travelling-
bag, rucksack
manus, manūs, f. — hand
mappa, mappae, f. — table-napkin,
towel
Marcia, Marciae, f. — Aqua Marcia
(an aqueduct in Rome)
mare, maris, n. — sea
margō, marginis, m. — edge, margin
marmor, marmoris, n. — marble
Marsyās, Marsyae, m. — Marsyas
(satyr flayed by Apollo)
Mārtigena, m. (adj.) — born of Mars,
son of Mars: Mārtigenae
māter, mātris, f. — mother
māternus, māterna, māternum —
maternal, of the mother
mātūtīnus, mātūtīna, mātūtīnum —
in the morning, morning
maximus, maxima, maximum — *see*
magnus
mē — *see* ego
medicus, medicī, m. — doctor
meditārī — think about, think out:
meditātur, meditātus est
medius, media, medium — middle,
mid
meī — *see* ego *or* meus

mel, mellis, n. — honey
melior, melius — see bonus, bene
Melpomenē, Melpomenēs, f. —
    Melpomene (one of the Muses)
membrāna, membrānae, f. — skin,
    roll-cover
membrum, membrī, n. — limb
meminisse — remember: meminit
Memnōn, Memnonis, m. — Memnon
    (son of Dawn)
memor — mindful, keeping in mind:
    memoris
Mēnogenēs, Mēnogenis, m. —
    Menogenes
mēns, mentis, f. — mind, will,
    inclination
mēnsa, mēnsae, f. — table
mēnsis, mēnsis, m. — month
mēnsūra, mēnsūrae, f. — measure,
    dimension
mentīrī — lie, pretend to be: mentītur,
    mentītus est
meritum, meritī, n. — merit
merula, merulae, f. — blackbird
messis, messis, f. — harvest
mēta, mētae, f. — turning-post
mētīrī — measure, walk: mētītur,
    mēnsus est
metuere — fear: metuit, metuit,
    metūtus
meus, mea, meum — my
mī = mihi: see ego
mīlitia, mīlitiae, f. — military service,
    soldiers
mīlle — a thousand
    mīlia, mīlium, n. pl. — thousands,
    Roman miles
mināx — threatening, menacing:
    minācis
minister, ministrī, m. — servant,
    inferior
ministerium, ministeriī, n. — service,
    task
ministra, ministrae, f. — female
    servant
ministrāre — serve, wait: ministrat,
    ministrāvit, ministrātus
Mīnōs, Mīnōis, m. — Minos (one of
    the judges of the dead)
minuere — reduce: minuit, minuit,
    minūtus

minus — less
mīrārī — marvel at, wonder at,
    admire: mīrātur, mīrātus est
miser, misera, miserum — poor,
    wretched, pitiable
miserē — wretchedly, desperately
mītēscere — soften, become milder:
    mītēscit
mittere — send: mittit, mīsit, missus
modicus, modica, modicum —
    moderate, mediocre
modo — now, just now, just recently
modus, modī, m. — manner, measure,
    rhythm, metre, poem, song
moenia, moenium, n. pl. — town-walls
mollīre — soften, alleviate: mollit,
    mollīvit, mollītus
mollis, mollis, molle — soft, gentle,
    amorous
Molossus, Molossa, Molossum —
    Molossian (a fine breed of
    hunting-dog from Epirus)
monēre — warn, advise: monet,
    monuit, monitus
monumentum, monumentī, n. —
    memorial
mora, morae, f. — delay
morārī — delay: morātur, morātus est
morbus, morbī, m. — disease, illness
morī — die: moritur, mortuus est
mors, mortis, f. — death
mortālis, mortālis, mortāle — mortal,
    that will die
mōs, mōris, m. — custom, way
mōtor, mōtōris, m. — mover
movēre — move, affect, influence:
    movet, mōvit, mōtus
mox — soon
mucrō, mucrōnis, m. — point
mūgīre — moo, bellow: mūgit,
    mūgīvit
mūla, mūlae, f. — she-mule, mule
mulcēre — caress, soothe: mulcet,
    mulsit, mulsus
multus, multa, multum — much,
    many, large
multō — by far, much
multum — very
plūs — more, many: plūris
plūrimus, plūrima, plūrimum —
    very many, very much, most

122

Mulvius, Mulvia, Mulvium — Mulvian

mūnus, mūneris, n. — duty, present,
gladiatorial show

mūrus, mūrī, m. — wall

mūs, mūris, m. — mouse

Mūsa, Mūsae, f. — Muse (goddess of
artistic inspiration)

mūtāre — change, exchange: mūtat,
mūtāvit, mūtātus

Mutina, Mutinae, f. — Mutina (town
in North Italy, now Modena)

mūtus, mūta, mūtum — dumb, silent

mūtuus, mūtua, mūtuum — mutual,
reciprocal, returned

Myrīnus, Myrīna, Myrīnum — of
Myrina (town on the coast of
Asia Minor)

N

nam — for

namque — for

Napē, Napēs, f. — Nape (slave of
Ovid's girl-friend Corinna)

nārrāre — relate, recount, say: nārrat,
nārrāvit, nārrātus

nāscī — be born: nāscitur, nātus est

Nāsidiēnus, Nāsidiēnī, m. —
Nasidienus

Nāsō, Nāsōnis, m. — Publius Ovidius
Naso, Ovid

nāsus, nāsī, m. — nose

nāta, nātae, f. — daughter

natāre — swim, float: natat, natāvit

nātūra, nātūrae, f. — nature

nātus, nātī, m. — son

nātus, nāta, nātum — see nāscī

nauta, nautae, m. — sailor

nāvis, nāvis, f. — ship

-ne — asks a question, underlines a
pronoun

nē — lest, in order that . . . not

nec — nor, and not
    nec . . . nec — neither . . . nor
    nec . . . nec . . . aut — neither . . .
        nor . . . nor
    nec nōn — and

nectar, nectaris, n. — nectar (the
drink of the gods)

nefās, n. — sacrilege

negāre — deny, say no: negat,
negāvit, negātus

Nemesis, Nemeseōs, f. — Nemesis
(girl-friend of the poet
Tibullus)

nemus, nemoris, n. — a wood

neque — nor, and not
    neque . . . nec — neither . . . nor

nequīre — be unable: nequit,
nequīvit

nescio quid — something or other

nescius, nescia, nescium — not
knowing, ignorant

Nestor, Nestoris, m. — Nestor
(Homeric king of Pylos)

nī = nisi

niger, nigra, nigrum — black, dark,
dirty

nigrēscere — go black, become dark:
nigrēscit, nigrēscuit

nihil — nothing, not at all, in no
respect

nīl = nihil

Nīliacus, Nīliaca, Nīliacum — of the
Nile, Egyptian

nimīrum — the fact is, of course

nimium — too much, too

nisi — if not, unless, except

nitidus, nitida, nitidum — gleaming,
oily

nix, nivis, f. — snow

nōbilis, nōbilis, nōbile — famous,
noble

nocturnus, nocturna, nocturnum —
nocturnal, of night, by night

nōmen, nōminis, n. — name, fame,
reputation

Nōmentānus, Nōmentānī, m. —
Nomentanus

nōn — not

Nōnae, Nōnārum, f. pl. — the Nones
(5th day of some months, 7th
day of others)

nōnus, nōna, nōnum — ninth

nōscere — get to know; nōscit, nōvit,
nōtus

nōvisse — know

noster, nostra, nostrum — our

nota, notae, f. — mark, sign, letter

notāre — mark: notat, notāvit,
notātus

notārius, notāriī, m. — shorthand
teacher

nōtus, nōta, nōtum — known, known
    personally
novācula, novāculae, f. — razor
novus, nova, novum — new
novissimus, novissima, novissimum
    — most recent, last to be
    reached
nox, noctis, f. — night
nūbēs, nūbis, f. — cloud
nūbilum, nūbilī, n. — cloud
nūdāre — strip bare, expose: nūdat,
    nūdāvit, nūdātus
nūdus, nūda, nūdum — naked
nūgae, nūgārum, f. pl. — worthless
    stuff, trifles, frivolities
nūllus, nūlla, nūllum — no
num — whether; *asks a question
    loaded towards the answer 'no'*
nūmen, nūminis, n. — divinity, super-
    natural power
numerāre — count: numerat,
    numerāvit, numerātus
numerus, numerī, m. — number,
    rhythm, music
nummus, nummī, m. — coin,
    money
numquam — never
nunc — now
nūper — recently, not long ago
nusquam — nowhere
Nympha, Nymphae, f. — nymph
    (young and beautiful nature-
    goddess)

O

ō — o, o what a . . . !
obīre — meet (one's death), die: obit,
    obiit, obitus
obscūrus, obscūra, obscūrum — dim,
    obscure, insignificant
obsequium, obsequiī, n. — deference,
    respectful attention
observāre — observe, watch, keep
    one's eye on: observat,
    observāvit, observātus
obstāre — stand in the way, obstruct:
    obstat, obstitit, (obstātūrus)
obstrepere — roar: obstrepit,
    obstrepuit
obtulit — *see* offerre
obvius, obvia, obvium — in the way

occidere — fall, die: occidit, occidit,
    (occāsūrus)
occupāre — invade, seize possession
    of: occupat, occupāvit,
    occupātus
occurrere + Form C (dative) — meet:
    occurrit, occurrit
ocellus, ocellī, m. — little eye, pretty
    eye
ōcius — more quickly, quickly
octāvus, octāva, octāvum — eighth
Octōber, Octōbris, Octōbre — of
    October
octussis, octussis, m. — the sum of 8
    asses = $3 \cdot 2$.*sestertiī*
oculus, oculī, m. — eye
ōdisse — hate: ōdit, ōsus
odor, odōris, m. — smell
offerre — put before, present, offer:
    offert, obtulit, oblātus
officium, officiī, n. — duty
ohē — enough! stop!
ōlim — once, a long time ago
ōmen, ōminis, n. — omen
omnīnō — entirely
    nihil omnīnō — nothing at all
omnis, omnis, omne — all, every
onus, oneris, n. — burden, load
opera, operae, f. — effort, work
Opīmius, Opīmiī, m. — Opimius
oppōnere — put in the way, put
    down against mortgage:
    oppōnit, opposuit, oppositus
ops, opis, f. — resources, wealth
optimus, optima, optimum — *see*
    bonus
opus, operis, n. — work, job, task,
    activity
    opus esse — be necessary
ōra, ōrae, f. — edge, coast, district
ōra — *see* ōs
orbis, orbis, m. — circle, curve,
    heaven, sky, eye(ball)
ōrdō, ōrdinis, m. — order, rank, class
orīgō, orīginis, f. — beginning
ōrnāre — decorate, adorn: ōrnat,
    ōrnāvit, ōrnātus
Ornytus, Ornytī, m. — Ornytus
oryza, oryzae, f. — rice
ōs, ōris, n. — mouth, face
os, ossis, n. — bone

ōsculum, ōscŭlī, n. — kiss
ōtiōsus, ōtiōsa, ōtiōsum — at leisure,
    not working
ōtium, ōtiī, n. — leisure
ovāre — exult, jump for joy: ovat,
    ovāvit, (ovātūrus)
ovis, ovis, f. — sheep

P

pactō, Form E (ablative) — way,
    manner
    hōc pactō — in this way
Padus, Padī, m. — Padus (the modern
    River Po)
paedagōgus, paedagōgī, m. — tutor
Paetus, Paetī, m. — Paetus
pāgus, pāgī, m. — village, countryfolk
palaestra, palaestrae, f. — exercise
    ground, palaestra
palātium, palātiī, n. — palace
palea, paleae, f. — chaff
palimpsēstos, palimpsēstī, m. —
    palimpsest, reconditioned
    papyrus
pallidus, pallida, pallidum — pale
palma, palmae, f. — palm, prize
palmula, palmulae, f. — palm of the
    hand, oar-blade, oar
palumbes, palumbis, m.f. — pigeon
palūster, palūstris, palūstre — from
    the marshes, marsh-
pānis, pānis, m. — bread
pār — equal, peer, of same age:
    paris
parāre — prepare, get ready: parat,
    parāvit, parātus
parcere + Form C (dative) — spare:
    parcit, pepercit, parsus
parcus, parca, parcum — mean,
    niggardly, sparing
parēns, parentis, m.f. — parent
pariter — equally, at the same time,
    together
pars, partis, f. — part
parvulus, parvula, parvulum — small,
    tiny, young
parvus, parva, parvum — little, small
    parvō — for not much cost, for a
    small sum
    minimus, minima, minimum —
    very little, very small

pāscere — feed, pasture: pāscit, pāvit,
    pāstus
passim — everywhere
passus, passūs, m. — pace, step
pāstor, pāstōris, m. — shepherd,
    herdsman
pāstum — see pāscere
pater, patris, m. — father
patēre — be open, stand open: patet,
    patuit
patī — suffer, endure: patitur, passus
    est
patiēns — patient, enduring:
    patientis
patina, patinae, f. — dish
patrius, patria, patrium — of a father,
    paternal
patrōnus, patrōnī, m. — patron
pauci, paucae, pauca — few, little
paulum — a little
pauper — poor: pauperis
pavēre — fear, be frightened of:
    pavet, pāvit
pavidus, pavida, pavidum — trembling,
    frightened, terrified
pectus, pectoris, n. — breast, chest,
    heart, mind, spirit
pecus, pecoris, n. — herd, flock
peior — see malus
pellere — drive, drive away, set in
    motion, beat: pellit, pepulit,
    pulsus
pellis, pellis, f. — skin, hide
pēnsum, pēnsī, n. — spinning, task
    (wool weighed out for a slave
    to spin in a day)
per + Form B (accusative) — through,
    all over
peragere — carry through, go through
    with, complete: peragit,
    perēgit, perāctus
perarāre — plough: perarat, perarāvit,
    perarātus
perdere — lose: perdit, perdidit,
    perditus
peregrīnus, peregrīna, peregrīnum —
    abroad, foreign
Perenna, Perennae, f. — see Anna
    Perenna
perennis, perennis, perenne — ever-
    lasting, enduring

perferre — take, deliver: perfert,
pertulit, perlātus
perīculum, perīculī, n. — danger
perīre — die, be wasted: perit, periit,
(peritūrus)
Pērithous, Pērithoī, m. — Pirithous
(friend of Theseus)
perlegere — read through, read
thoroughly: perlegit, perlēgit,
perlēctus
permittere — allow: permittit,
permīsit, permissus
perpetī — endure patiently, put up
with: perpetitur, perpessus est
Persae, Persārum, m. pl. — the
Persians
perscrībere — write out, write at
length: perscrībit, perscrīpsit,
perscrīptus
persequī — follow, pursue:
persequitur, persecūtus est
persōna, persōnae, f. — mask
personāre — resound: personat,
personuit, personitus
perūrere — burn, inflame, rub sore:
perūrit, perussit, perustus
pervidēre — survey, view: pervidet,
pervīdit, pervīsus
pēs, pedis, m. — foot, sheet (rope
controlling sail)
pestilēns — unhealthy, destructive:
pestilentis
petere — seek, make for, demand:
petit, petīvit, petītus
Phaeācia, Phaeāciae, f. — Phaeacia,
identified with Corcyra
(modern Corfu)
Phaethontēus, Phaethontēa,
Phaethontēum — associated
with Phaethon
phasēlus, phasēlī, m. — bean-pod,
express passenger-boat
Phoebus, Phoebī, m. — Apollo (god
of prophecy, music etc.)
pietās, pietātis, f. — sense of duty,
dutifulness
piger, pigra, pigrum — lazy
pigritia, pigritiae, f. — sloth, indolence
pīla, pīlae. f. — pillar
pila, pilae, f. — ball
pinguis, pinguis, pingue — fat, rich

piscis, piscis, m. — fish
pius, pia, pium — dutiful
placēre + Form C (dative) — please:
placet, placuit
placidus, placida, placidum — quiet,
peaceful
plaudere + Form C (dative) —
applaud: plaudit, plausit,
plausus
plēbs, plēbis, f. — the ordinary people,
the masses
plēnus, plēna, plēnum — full,
complete
plērumque — mostly, usually, very
frequently
pluere — rain, drip: pluit, pluit
plūma, plūmae, f. — feather
plumbum, plumbī, n. — lead
plūs, plūris; plūrimus — see multus
pōculum, pōculī, n. — cup, drink
poēma, poēmatis, n. — poem, poetry
pōmifer, pōmifera, pōmiferum —
fruit-bearing, fruit-bringing
pōnere — place, lay down: pōnit,
posuit, positus
pōns, pontis, m. — bridge
Ponticus, Pontica, Ponticum —
Pontic, of the Black Sea
pontifex, pontificis, m. — pontiff,
high priest
popīna, popīnae, f. — snack-bar,
eating-house
populus, populī, m. — people
porca, porcae, f. — sow
porrigere — stretch out, reach out,
offer: porrigit, porrēxit,
porrēctus
porta, portae, f. — gate
porticus, porticūs, f. — colonnade,
portico
poscere — ask, ask for: poscit,
poposcit
posse - be able: potest,
potuit
possidēre — possess, occupy:
possidet, possēdit, possessus
post + Form B (accusative) — after,
second to
post — afterwards
posterus, postera, posterum —
following, future

postis, postis, m. — door-post, door,
    gate
postquam — after
pŏtāre — drink: pŏtat, pŏtāvit,
    pŏtātus
potēns — powerful: potentis
potior — preferable, preferred:
    potiōris
praecĭnctus, praecĭncta, praecĭnctum
    — girt-up, with tunic hitched
    up
praeclārus, praeclāra, praeclārum —
    famous
praegravis, praegravis, praegrave —
    very heavy
praelambere — lick beforehand:
    praelambit, praelambit,
    praelambitus
praemium, praemiī, n. — reward,
    prize
praepōnere — place before, prefer:
    praepōnit, praeposuit,
    praepositus
praeruptus, praerupta, praeruptum —
    steep, precipitous
praestāre — perform a service, give:
    praestat, praestitit, praestitus
praetereā — besides
praeterīre — go past, overtake:
    praeterit, praeteriit, praeteritus
praetor, praetōris, m. — praetor
    (senator holding senior political
    and legal office)
prānsus, prānsa, prānsum — after
    breakfasting
prātum, prātī, n. — meadow
precārī — pray, pray for: precātur,
    precātus est
premere — press, press shut: premit,
    pressit, pressus
pretium, pretiī, n. — price, reward
prīmus, prīma, prīmum — first
prīnceps — first: prīncipis
prior, prior, prius — earlier, first
prīscus, prīsca, prīscum — ancient,
    old, former, previous
prius — previously, in earlier times
prō + Form E (ablative) — for, for
    the sake of, in place of
proavus, proavī, m. — great-
    grandfather

probāre — approve, prove: probat,
    probāvit, probātus
probē — well
prōcēdere — go forwards, move,
    proceed: prōcēdit, prōcessit,
    (prōcessūrus)
procul — far, far away
prōdere — betray: prōdit, prōdidit,
    prōditus
prōdesse — be useful, be beneficial:
    prōdest, prōfuit, (prōfutūrus)
prōdigiōsus, prōdigiōsa, prōdigiōsum
    — unnatural, extraordinary
proelium, proeliī, n. — battle
profārī — speak, say: profātur,
    profātus est
profēstus, profēsta, profēstum —
    non-festival, working (day)
proficīscī — start, travel:
    proficīscitur, profectus est
profugus, profugī, m. — an exile
prōgredī — progress, advance:
    prōgreditur, prōgressus est
prohibēre — prevent, hold back:
    prohibet, prohibuit, prohibitus
prōluere — wet, wash, wash out:
    prōluit, prōluit, prōlūtus
prōmere — bring forward, bring to
    prominence: prōmit, prōmpsit,
    prōmptus
prōmittere — promise: prōmittit,
    prōmīsit, prōmissus
prōnus, prōna, prōnum — bending
    forward, crouching
prope + Form B (accusative) — near
prope — almost, nearly
propīn, n. indeclinable — apéritif,
    appetiser
prōpōnere — propose, intend:
    prōpōnit, prōposuit, prōpositus
Propontis, Propontidos, f. —
    Propontis, modern Sea of
    Marmara
propter + Form B (accusative) — on
    account of, because of
Prōserpina, Prōserpinae, f. —
    Proserpine (queen of the
    Underworld)
prōsilīre — jump up, leap out: prōsilit,
    prōsiluit
prōsunt — see prōdesse

proterere — drive away, trample on, overthrow: proterit, protrivit, protritus

protinus — continuously, immediately, from the very first

provincia, provinciae, f. — province

proximus, proxima, proximum — nearest, next

pudicus, pudica, pudicum — chaste

pudor, pudoris, m. — shame, good manners, modesty

puella, puellae, f. — girl

puer, pueri, m. — boy, young man, slave

pugnare — fight, struggle: pugnat, pugnavit, pugnatus

pulcher, pulchra, pulchrum — beautiful, lovely, handsome

pulsare — push, beat, drive, move: pulsat, pulsavit, pulsatus

pulsus — see pellere

pulvis, pulveris, m. — dust

pumex, pumicis, m. — pumice-stone

pungere — prick, prickle: pungit, pupugit, punctus

pupula, pupulae, f. — pupil

purpura, purpurae, f. — purple

purpureus, purpurea, purpureum — purple, red, bright

purus, pura, purum — pure, clear, unclouded

purum, puri, n. — clear sky

putare — think: putat, putavit

pyramis, pyramidis, f. — pyramid

Q

qua — where, in which; see qui

quadriiugus, quadriiuga, quadriiugum — harnessed in fours

quaedam — see quidam

quaerere — seek, acquire, inquire, try, miss: quaerit, quaesivit, quaesitus

quaesita, quaesitorum, n. pl. — property, stores

quam — how, than; see qui

quamquam — although

quando — when, since

quanti? — for how much, how expensive?

quantum + Form D (genitive) — as much of . . . as

quartus, quarta, quartum — fourth

-que — and

-que . . . -que — both . . . and

quemquam — see quisquam

quendam — see quidam

queri — complain: queritur, questus est

qui, quae, quod — who, which: cuius

quia — because

quicumque, quaecumque, quodcumque — whoever, whichever, whatever: cuiuscumque

quid? — what, how, why? see quis

quidam, quaedam, quoddam — a certain, somebody, something: cuiusdam

quiddam, n. — something

quidem — indeed, to be sure

quies, quietis, f. — rest, sleep, retirement

quilibet, quaelibet, quidlibet — any at all, no matter which, anything: cuiuslibet

quindecim — fifteen

quinque — five

Quintilia, Quintiliae, f. — Quintilia

quintus, quinta, quintum — fifth

Quirinus, Quirini, m. — Romulus (founder of Rome)

Quirites, Quiritium, m. pl. — the Romans

quis, quis, quid? — who, what?: cuius?

quis, qua, quid — any, anyone, anything: cuius

quisquam, quaequam, quicquam — anyone, anything: cuiusquam
nec quisquam — nor any, and no

quisque, quaeque, quodque — each, every: cuiusque

quisquis, quisquis, quidquid — whoever, whatever

quo — where, to which place, for which reason; see qui

quocirca — for this reason

quocumque — wherever

quod — because; see qui

quondam — once, at one time

quoque — also, too
quŏque — *see* quisque
quot — how many, as many as

R

rādere — scrape, scratch: rādit, rāsit, rāsus
rāmus, ramī, m. — branch
rāna, rānae, f. — frog
rapāx — grasping, rapacious: rapācis
rapere — snatch, seize, tear away, carry off: rapit, rapuit, raptus
rapīna, rapīnae, f. — robbery
ratis, ratis, f. — raft, boat
rātus, rāta, rātum — sure, fulfilled
raucus, rauca, raucum — hoarse
recēns — fresh, young, new: recentis
reconditus, recondita, reconditum — remote, out of the way
rēctē — properly, fashionably
recurrere — hurry back, rush back, return: recurrit, recurrit
recurvāre — turn back, bend backwards: recurvat, recurvāvit, recurvātus
recurvus, recurva, recurvum — bent back, curved
reddere — return, tell, hand over, deliver, pay: reddit, reddidit, redditus
redeās, redeunt — *see* redīre
redimīre — encircle, crown: redimit, redimiit, redimītus
redīre — come back, return: redit, rediit, (reditūrus)
redux — returned, come back: reducis
refercīre — stuff, cram: refercit, refersit, refertus
referre — bring back: refert, rettulit, relātus
rēferre — matter, be of importance: rēfert, rētulit
rēgālis, rēgālis, rēgāle — royal
regere — rule, control: regit, rēxit, rēctus
rēgius, rēgia, rēgium — royal
rēgnāre — rule: rēgnat, rēgnāvit, rēgnātus
Rēgulus, Rēgulī, m. — Regulus
rēicere — reject, cast off: rēicit, rēiēcit, rēiectus

relevāre — raise, ease, take off the pressure from: relevat, relevāvit, relevātus
religāre + Form E (ablative) — fasten to, tie up to: religat, religāvit
relinquere — leave, abandon: relinquit, relīquit, relictus
reminīscī — remember, call to mind, recollect: reminīscitur
removēre — remove, dispel: removet, remōvit, remōtus
rēmus, rēmī, m. — oar
renovāre — renew, relive: renovat, renovāvit, renovātus
reparāre — recover, repair, make good: reparat, reparāvit, reparātus
repellere — drive back, push away: repellit, reppulit, repulsus
rēpere — crawl: rēpit, rēpsit, (rēptūrus)
reperīre — find, discover: reperit, repperit, repertus
requiēs, requiētis, f. — rest, relaxation
requīrere — seek again: requīrit, requīsīvit, requīsītus
rēs, reī, f. — matter, affair, reality, fact, circumstance, thing
rescrībere — write back: rescrībit, rescrīpsit, rescrīptus
reserāre — unlock, open: reserat, reserāvit, reserātus
residēre — sit back, rest: residet, resēdit
resistere — stop: resistit, restitit
respondēre — answer, reply: respondet, respondit, (responsūrus)
restāre — remain: restat, restitit
restituere — restore, bring back: restituit, restituit, restitūtus
rēte, rētis, n. — net
retexere — unweave, unravel: retexit, retexuit, retextus
retināculum, retināculī, n. — tether, rope
retrōrsum — back, backwards
revertere — come back, return: revertit, revertit, reversus
revocāre — call back, recall: revocat, revocāvit, revocātus

129

rēx, rēgis, m. — king
Rhēnus, Rhēnī, m. — Rhine
rhētor, rhētoris, m. — teacher of
    rhetoric, scholar
Rhodus, Rhodī, f. — Rhodes (large
    island off south-west of Asia
    Minor)
rhombus, rhombī, m. — magic wheel
rīdēre — laugh, laugh at: rīdet, rīsit
rigidus, rigida, rigidum — hard,
    unyielding, rigid
rīpa, rīpae, f. — bank
rīsus, rīsūs, m. — laugh, laughter
rōdere — gnaw: rōdit, rōsit, rōsus
rogālis, rogālis, rogāle — of the
    funeral pyre
rogāre — ask, ask for: rogat, rogāvit,
    rogātus
rogus, rogī, m. — pyre
Rōma, Rōmae, f. — Rome
Rōmānus, Rōmāna, Rōmānum —
    Roman
rōscidus, rōscida, rōscidum — dewy,
    wet
roseus, rosea, roseum — rose-
    coloured
ruber, rubra, rubrum — red
ruere — collapse, deteriorate, break
    down: ruit, ruit
Rūfus, Rūfī, m. — Rufus
ruīna, ruīnae, f. — fall, crash,
    catastrophe
rursus — again, alternatively
rūs, rūris, n. — country, countryside
rūsticus, rūstica, rūsticum — rustic,
    of the countryside, country-,
    unsophisticated

S
saccus, saccī, m. — sack, bag
sacer, sacra, sacrum — sacred, holy,
    religious
saeculum, saeculī, n. — generation,
    times, age
saepe — often
saevus, saeva, saevum — savage, fierce,
    cruel
Safrōnius, Safrōnī, m. — Safronius
sagāx — shrewd, keen-scented: sagācis
salignus, saligna, salignum — willow-
    wood, willow

salīre — leap, flow down: salit, saluit,
    (saltūrus)
saltāre — dance: saltat, saltāvit,
    saltātus
saltem — at least, at any rate
salūtāre — greet, visit (a patron) to
    pay one's respects: salūtat,
    salūtāvit, salūtātus
salvē — hello, how are you?
sānctus, sāncta, sānctum — holy
sānē — certainly, to be sure
sanguis, sanguinis, m. — blood
sapiēns — wise: sapientis
sapientia, sapientiae, f. — wisdom,
    philosophy
satiāre — satisfy, sate: satiat, satiāvit,
    satiātus
satis — enough, sufficient,
    sufficiently
Saturēiānus, Saturēiāna, Saturēiānum
    — Tarentine (from Tarentum
    (modern Taranto) in Calabria,
    South Italy)
Saturnus, Saturnī, m. — Saturn (god
    and early king of Latium)
saxum, saxī, n. — stone, rock
scandere — climb, ascend: scandit
scēptrum, scēptrī, n. — sceptre
scīre — know: scit, scīvit, scītus
scītus, scīta, scītum — sharp-witted,
    sharp
scrībere — write: scrībit, scrīpsit,
    scrīptus
scurra, scurrae, m. — a wit
Scytha, Scythae, m. — a Scythian
sē, suī — himself, herself
secāre — cut, divide: secat, secuit,
    sectus
sēcernere — separate, distinguish,
    sēcernit, sēcrēvit, sēcrētus
sēcrētus, sēcrēta, sēcrētum —
    separate, private
sectārī — pursue, chase: sectātur,
    sectātus est
sectō — see secāre
sēcubāre — sleep on one's own:
    sēcubat, sēcubuit
secundus, secunda, secundum —
    favourable, fortunate
sed — but
sēdēs, sēdis, f. — seat, foundation

sēdulus, sēdula, sēdulum — careful, unremitting
Segius, Segiī, m. — Segius
semel — once
sēmēsus, sēmēsa, sēmēsum — half-eaten
sēmisupīnus, sēmisupīna, sēmisupīnum — half-supine, lolling back
sēmita, sēmitae, f. — footpath, alley
semper — always
senātor, senātōris, m. — senator (member of the senate at Rome)
senectūs, senectūtis, f. — old age, senility
senēre — be old: senet
senex, senis, m. — old man, old
sēnī, sēnae, sēna — six, six each
sēnsus, sēnsūs, m. — sense, feeling, perception
sentīre — perceive, experience, observe: sentit, sēnsit, sēnsus
sēpōnere — lay aside, put in reserve: sēpōnit, sēposuit, sēpositus
septem — seven
septimus, septima, septimum — seventh
sepulcrum, sepulcrī, n. — grave, tomb
sequī — follow, pursue: sequitur, secūtus est
seriēs, f. — series, succession
sermō, sermōnis, m. — talk, words, conversation
serpēns, serpentis, f. — snake
serta, sertōrum, n. pl. — garlands of flowers, wreaths
servāre — keep, preserve, pay attention to: servat, servāvit, servātus
servīre + Form C (dative) — serve, be enslaved to: servit, servīvit
servitium, servitiī, n. — slavery
servus, servī, m. — slave
sextus, sexta, sextum — sixth
sī — if
sībilus, sībilī, m. — hissing, whistling
Sibylla, Sibyllae, f. — Sibyl
sīc — thus, in such a way
siccus, sicca, siccum — dry
sīcut — as, just as
sīdus, sīderis, n. — star

signum, signī, n. — sign, evidence, standard, constellation
silex, silicis, m. — flint
silva, silvae, f. — wood, forest
simplex — simple, guileless, innocent, honest: simplicis
simul — at the same time, together with, as soon as
sine + Form E (ablative) — without
singulī, singulae, singula — single, individual, separate
singultim — sobbingly, falteringly
sinister, sinistra, sinistrum — left-hand
sinus, sinūs, m. — curve, gulf, lap, bosom
sistrum, sistrī, n. — rattle, as used in the worship of Isis
sitīre — thirst for, be thirsty: sitit, sitīvit
sitis, sitis, f. — thirst
situs, sitūs, m. — site, decay, mould, grave
sīve . . . sīve . . . — whether . . . or . . .
sobrius, sobria, sobrium — sober
sodālis, sodālis, m.f. — companion, friend, pal
sōl, sōlis, m. — sun
solārī — comfort, console: solātur, solātus est
solea, soleae, f. — sandal
soleātus, soleāta, soleātum — wearing dinner-sandals
solēre — be accustomed, be used, be in the habit of: solet, solitus est
solidus, solida, solidum — solid
sollicitāre — disturb, provoke, tempt: sollicitat, sollicitāvit, sollicitātus
sollicitūdō, sollicitūdinis, f. — anxiety, worry
sollicitus, sollicita, sollicitum — worried, troublesome
sōlus, sōla, sōlum — only, alone, lonely, solitary
solvere — loosen, relax, release: solvit, solvit, solūtus
somnus, somnī, m. — sleep
sonāre — sound, resound: sonat, sonuit, sonitus

sophōs — hear, hear! well said!
sordidus, sordida, sordidum — dirty
soror, sorōris, f. — sister
sors, sortis, f. — lot, luck
sortīrī — receive by lot, obtain:
    sortītur, sortītus est
spargere — scatter, sprinkle, spread
    around, broadcast: spargit,
    sparsit, sparsus
spatiōsus, spatiōsa, spatiōsum —
    spacious, wide, generous
spatium, spatiī, n. — space, area, time
spectāculum, spectāculī, n. — show,
    entertainment
spectāre — watch, look at: spectat,
    spectāvit, spectātus
spērāre — hope, hope for: spērat,
    spērāvit, spērātus
spēs, speī, f. — hope
splendidus, splendida, splendidum —
    brilliant, bright, distinguished,
    clear
sponte suā — of its own accord,
    spontaneously
sportula, sportulae, f. — clients'
    hand-out, dole
stāgnum, stāgnī, n. — pool
stāre — stand: stat, stetit, (stātūrus)
statuere — set up: statuit, statuit,
    statūtus
Stēlla, Stēllae, m. — Lucius Arruntius
    Stella
stertere — snore: stertit, stertuit
stillāre — drip: stillat, stillāvit,
    stillātus
stilus, stilī, m. — stylus, pen
stīpes, stīpitis, m. — trunk, post
stipula, stipulae, f. — stalk, hay,
    straw
stomachus, stomachī, m. — stomach
strepitus, strepitūs, m. — noise,
    clattering, crashing
strīdere — hiss, whistle, buzz: strīdit,
    strīdit
strīdor, strīdōris, m. — whizzing,
    screeching
stringere — draw, unsheath: stringit,
    strīnxit, strictus
studēre + Form C (dative) — support,
    show enthusiasm for: studet,
    studuit

studium, studiī, n. — enthusiasm,
    pursuit, pastime
stupēre — be stunned, be stupefied:
    stupet, stupuit
Styx, Stygis, f. — Styx (Underworld
    river)
suādēre — advise, recommend: suādet,
    suāsit, (suāsūrus)
suāvis, suāvis, suāve — agreeable,
    pleasant, delightful
suāviter — pleasantly
sub + Form E (ablative) — under,
    beneath, at, near
subinde — from time to time,
    frequently
subīre — go under, support, approach,
    come to mind, come up: subit,
    subiit, (subitūrus)
subitō — suddenly
sublātīs — see tollere
subolēs, subolis, f. — offspring
subrēpere — creep under: subrēpit,
    subrēpsit, (subrēptūrus)
subscrībere — write underneath:
    subscrībit, subscrīpsit,
    subscrīptus
subsequī — follow closely:
    subsequitur, subsecūtus est
substringere — tie underneath:
    substringit, substrīnxit,
    substrictus
succīnctus, succīncta, succīnctum —
    with tucked-up tunic
sūdārium, sūdāriī, n. — handkerchief,
    barber's towel
sūdor, sūdōris, m. — sweat
Suffēnus, Suffēnī, m. — Suffenus
sufficere — be sufficient, meet the
    need of: sufficit, suffēcit
suffūsus, suffūsa, suffūsum — poured
    beneath, diffused
sūmere — take: sūmit, sūmpsit,
    sūmptus
summa, summae, f. — sum, amount,
    total
summovēre — drive off, push away:
    summovet, summōvit,
    summōtus
summus, summa, summum — top,
    highest, topmost, at its
    maximum

super + Form B (accusative) — upon, over

superāre — overcome, take the lead: superat, superāvit, superātus

superbia, superbiae, f. — pride

superbus, superba, superbum — proud, supercilious

superesse — be left, remain: superest, superfuit, (superfutūrus)

superstes — surviving, outliving: superstitis

superus, supera, superum — above

supīnus, supīna, supīnum — lying on one's back

suppōnere — place under: suppōnit, supposuit, suppositus

suspendere — hang, suspend: suspendit, suspendit, suspēnsus

suspicārī — suspect: suspicātur, suspicātus est

suspīrium, suspīriī, n. — sigh

sustinēre — support, take upon one-self: sustinet, sustinuit, sustentus

sustulit — see tollere

susurrus, susurrī, m. — whisper

sūtor, sūtōris, m. — cobbler, shoe-maker

suus, sua, suum — his, her, its, their

T

tabella, tabellae, f. — writing-tablet

taberna, tabernae, f. — shop, stall, inn

tābēscere — melt, dissolve: tābēscit, tābuit

tabula, tabulae, f. — writing-tablet

tacēre — be silent, be quiet: tacet, tacuit

tacitus, tacita, tacitum — silent, quiet

taedium, taediī, n. — weariness, nuisance, vexation

Taenarum, Taenarī, n. — Taenarum (now Cape Matapan, entrance to the Underworld)

tālus, tālī, m. — ankle, heel, knuckle-bone

tam — so, such, such a, to such an extent

tamen — but, yet, however, nonethe-less

tamquam — as if

tandem — eventually, finally

tangere — touch: tangit, tetigit, tāctus

tantum — to such an extent, only; see tantus

tantus, tanta, tantum — so great

tantī est — is of such value

tantus . . . quantus — so great . . . as

tardus, tarda, tardum — slow

Tartareus, Tartarea, Tartareum — of Tartarus (the Underworld)

tē — see tū

tēctum, tēctī, n. — roof, building

tēcum — see tū

tegere — cover: tegit, tēxit, tēctus

tēla, tēlae, f. — web, weaving

tellūs, tellūris, f. — earth, land

temerārius, temerāria, temerārium — thoughtless, inconsiderate

temperāre — regulate, govern, restrain one's self: temperat, temperāvit, temperātus

templum, templī, n. — temple

temptāre — try, attempt: temptat, temptāvit, temptātus

tempus, temporis, n. — time

tendere — stretch, spread, pull tight: tendit, tetendit, tentus

tenebrae, tenebrārum, f. pl. — darkness

tener, tenera, tenerum — soft, young, delicate, frail

tenēre — hold, hold tight, possess, occupy: tenet, tenuit, tentus

tentōrium, tentōriī, n. — tent

tenuis, tenuis, tenue — thin, narrow, common, meagre

tepēre — be tepid, be lukewarm: tepet

tepidus, tepida, tepidum — warm

ter — three times

tergeminus, tergemina, tergeminum — triple, repeated three times

tergum, tergī, n. — back

Terminus, Terminī, m. — Terminus (god of boundaries)

terra, terrae, f. — earth, land, ground

terrēre — frighten, alarm: terret, terruit, territus

terrestris, terrestris, terrestre — of the land, living on the land

tertius, tertia, tertium — third
testū, testūs, n. — earthenware pot
tetigit — see tangere
Thalĭa, Thalĭae, f. — Thalia (one of
the Muses)
theātrum, theātrī, n. — theatre
thermae, thermārum, f. pl. — baths
Thēseus, Thēseī, m. — Theseus
(heroic king of Athens)
Thrācius, Thrācia, Thrācium —
Thracian, from Thrace
Thraessa, Thraessae, f. — a Thracian
woman, from Thrace
Thūrīnus, Thūrīna, Thūrīnum — from
Thurii (on the Bay of
Tarentum in South Italy)
Thybris, Thybris, m. — River Tiber
Tiberis, Tiberis, m. — River Tiber
Tibullus, Tibullī, m. — Tibullus
(Roman poet)
timēre — fear, be frightened: timet,
timuit
tingere — dye: tingit, tīnxit, tīnctus
tisanārium, tisanāriī, n. — pudding,
gruel
titubāre — totter, stagger: titubat,
titubāvit
toga, togae, f. — toga
togātus, togāta, togātum — wearing a
toga, appropriate to a (toga-
wearing) client
tollere — lift up, remove, cheer up:
tollit, sustulit, sublātus
tonāre — thunder: tonat, tonuit
tondēre — clip, shave: tondet,
totondit, tōnsus
Tongiliānus, Tongiliānī, m. —
Tongilianus
tōnsor, tōnsōris, m. — hair-cutter,
barber
torpēscere — grow numb: torpēscit,
torpuit
Torquātus, Torquātī, m. — Torquatus
torquēre — twist, whirl, torture,
torment: torquet, torsit,
tortus
torrēre — scorch, parch, roast: torret,
torruit, tostus
torus, torī, m. — cushion, couch, bed
tostam — see torrēre
tot — so many

tot . . . quot . . . — as many as
totidem — just so many, an equal
number of
tōtus, tōta, tōtum — whole, all the
trabs, trabis, f. — beam, timber, ship
trahere — drag, draw, trail, spin:
trahit, trāxit, tractus
trāns + Form B (accusative) —
across
trānsīre — go across, cross: trānsit,
trānsiit, (trānsitūrus)
trecentī, trecentae, trecenta — three
hundred
trepidāre — be alarmed, be frightened:
trepidat, trepidāvit
trēs, trēs, tria — three: trium
triēns, trientis, m. — a third, cup of
wine (holding 1/3-sextarius)
trietēris, trietēridis, f. — period of
three years
trigōn, trigōnis, m. — trigon-ball
(small and hard ball for the
game of trigon)
trīstis, trīstis, trīste — sad, gloomy,
harsh, disagreeable
trium — see trēs
Troia, Troiae, f. — Troy
Troiānus, Troiāna, Troiānum —
Trojan, at Troy
trulla, trullae, f. — wine-ladle
trux — wild, fierce: trucis
tū, tuī — you
tēcum — with you
Tuccius, Tuccī, m. — Tuccius
tuērī — watch, protect: tuētur, tuitus
est
tulisse, tulit — see ferre
Tullus, Tullī, m. — Tullus Hostilius
(third king of Rome)
tum — then
tumidus, tumida, tumidum — swelling
tunc — then
turba, turbae, f. — crowd, ordinary
people, the masses
turbāre — disturb, disarrange: turbat,
turbāvit, turbātus
turpis, turpis, turpe — ugly, nasty,
immoral, dishonourable
turricula, turriculae, f. — little tower
tūtus, tūta, tūtum — safe
tuus, tua, tuum — your

Tyrius, Tyria, Tyrium — Tyrian, dyed
  with purple from Tyre
  (Phoenician city)

U

ubi — when, where
ubīque — everywhere
ulcīscī — take revenge: ulcīscitur,
  ultus est
Ulixēs, Ulixis, m. — Ulysses (hero of
  the *Odyssey*)
ūllus, ūlla, ūllum — any: ūllius
ultimus, ultima, ultimum — last,
  ultimate
ultrā — further
ulva, ulvae, f. — sedge
umbilīcus, umbilīcī, m. — navel, roller,
  end-rod (round which a
  papyrus was rolled)
umbō, umbōnis, m. — shield-boss,
  elbow
umbra, umbrae, f. — shadow, shade
  (shadowy inhabitant of the
  Underworld)
umerus, umerī, m. — shoulder
ūmor, ūmōris, m. — liquid,
  moisture
umquam — ever
unda, undae, f. — wave, water
unde? — from where?
undique — all round, everywhere
unguere — anoint, dress (hair): unguit,
  ūnxit, ūnctus
unguis, unguis, m. — nail (of a finger
  or toe)
ūnus, ūna, ūnum — one: ūnius
  ūnus et alter — one or two
urbānus, urbāna, urbānum — urban,
  town-, from town,
  sophisticated
urbs, urbis, f. — city, town
ūrere — burn: ūrit, ussit, ustus
urgēre — press on, keep up pressure:
  urget, ursit
urna, urnae, f. — pot, urn
ūsa — *see* ūtī
usque — unceasingly, continuously,
  constantly, continually
  usque . . . in + Form B
  (accusative) — all the way to,
  right into

ad usque + Form B (accusative) —
  all the way to, right on to
ut + indicative — as, as if, when, how
ut + subjunctive — that, so that, in
  order that, granted that, that
  . . . not
ūter, ūtris, m. — wine-skin, skin
  bottle
uterque, utraque, utrumque — each,
  both: utriusque
ūtī + Form E (ablative) — use: ūtitur,
  ūsus est
ūtilis, ūtilis, ūtile — useful
utrumque — *see* uterque
uxor, uxōris, f. — wife

V

vacāre — be empty, be free, be off
  work: vacat, vacāvit
vacuus, vacua, vacuum — empty,
  free, unoccupied
vadimōnium, vadimōniī, n. — legal
  security, bail-document
vagus, vaga, vagum — roaming,
  wandering
valēre — be strong, have power, be
  well, fare well: valet, valuit
  valē, valēbis — farewell! goodbye!
validus, valida, validum — strong
vallis, vallis, f. — valley, vale
valva, valvae, f. — door
vappa, vappae, f. — vinegary, over-
  fermented wine
vāpulāre — be beaten, be flogged:
  vāpulat, vāpulāvit
varius, varia, varium — multi-
  coloured, varying, manifold,
  diversified
Varius, Variī, m. — Varius
Vārus, Vārī, m. — Varus
vātēs, vātis, m. — prophet, poet
-ve — or
vectārī — *see* circumvectārī
Vēientānum, Vēientānī, n. — wine
  from Veii
vel — or, at least, at any rate
vēlāre — veil, cover up: vēlat, vēlāvit,
  vēlātus
velis — *see* velle
velle — wish, want: vult, voluit

135

volēns + imperative — be pleased
to . . .
vēlōx — swift, speedy: vēlōcis
vēlum, vēlī, n. — sail
velut — as if, like
velutī = velut
vēna, vēnae, f. — vein
venīre — come: venit, vēnit,
(ventūrus)
venter, ventris, m. — belly, stomach
ventus, ventī, m. — wind
Venus, Veneris, f. — the goddess
Venus
venustus, venusta, venustum —
charming
vēr, vēris, n. — spring, springtime
verbōsus, verbōsa, verbōsum —
wordy, full of words
verbum, verbī, n. — word
Vercellae, Vercellārum, f. pl. —
Vercellae (town in North
Italy)
verērī — fear: verētur, veritus est
Vergilius, Vergiliī, m. — Virgil
(author of the Aeneid and
other poems)
vernīliter — like a home-bred slave,
slavishly
versus, versūs, m. — line of writing,
verse
vertere — turn, turn round, transform: vertit, vertit, versus
vertor ad + Form B (accusative) —
I turn (myself) towards
vertex, verticis, m. — top, top of the
head
vērum — but
vester, vestra, vestrum — your
vestigium, vestīgiī, n. — foot-print,
track, foot
vestis, vestis, f. — cloth, covering,
clothes
vetāre — forbid: vetat, vetuit, vetitus
vetulus, vetula, vetulum — old
vetus — old: veteris
via, viae, f. — road, street
viātor, viātōris, m. — traveller
Vībidius, Vībidiī, m. — Vibidius
vicēs, f. pl. — alternations, alternating
successions, cycles

vīcīnia, vīcīniae, f. — neighbourhood,
neighbours
vīcīnus, vīcīna, vīcīnum — near
victrīx — victorious: victrīcis
vīcus, vīcī, m. — city quarter, street
vidēre — see: videt, vīdit, vīsus
vidērī — seem: vidētur, vīsus est
vigēre — flourish: viget
vigilāre — be awake, keep awake:
vigilat, vigilāvit, vigilātus
vīlicus, vīlicī, m. — steward, overseer
vīlis, vīlis, vīle — cheap, common,
worthless
vīllula, vīllulae, f. — little villa, little
country place
vincere — overcome, win: vincit,
vīcit, victus
vincīre — bind, tie up, fasten: vincit,
vīnxit, vīnctus
vinculum, vinculī, n. — bond, fetter
vīnum, vīnī, n. — wine
violēns — violent, furious: violentis
Vipsānus, Vipsāna, Vipsānum —
Vipsanian, of Vipsanius
Agrippa (right-hand man of
Augustus)
vir, virī, m. — man, husband
vīrēs, vīrium, f. pl. — strength
Virgineus, Virginea, Virgineum — of
the Aqua Virgo (a Roman
aqueduct)
virgō, virginis, f. — virgin, girl
viridis, viridis, viride — green,
youthful
vīrus, vīrī, n. — slime, mucous
secretion, discharge
vīsere — go and see, visit: vīsit, vīsit,
vīsus
vīta, vītae, f. — life
vītāre — avoid, escape: vītat, vītāvit,
vītātus
vitium, vitiī, n. — vice, fault
vitreus, vitrea, vitreum — made of
glass
vitulus, vitulī, m. — calf
vīvere — live, enjoy life: vīvit, vīxit,
victus
vīvus, vīva, vīvum — alive
vix — scarcely, barely, only just
vīxisset, vīxistī — see vīvere

vocāre — call, summon: vocat,
    vocāvit, vocātus
volāre — fly, speed along: volat,
    volāvit, (volātūrus)
volitāre — fly about, flutter around:
    volitat, volitāvit
volucer, volucris, volucre — winged,
    flying
voluptās, voluptātis, f. — pleasure,
    delight
vōs — you: vestrum
vōtum, vōtī, n. — vow, wish, prayer
vōx, vōcis, f. — voice
vulgus, vulgī, n. — crowd, public
vulnus, vulneris, n. — wound
vultus, vultūs, m. — face, expression

Z
Zephyrus, Zephyrī, m. — Zephyr,
    West Wind